# Filosofia Clínica e Literatura

*Conversações*

HÉLIO STRASSBURGER

# Filosofia Clínica e Literatura

*Conversações*

Editora Sulina

Capa: Like Conteúdo (sobre obra de Márcia Baroni)
Editoração: Niura Fernanda Souza
Revisão: Adriana Lampert
Editor: Luis Antonio Paim Gomes

Dados Internacionais de Catalogação na Publicação (CIP)
Bibliotecária Responsável: Denise Mari de Andrade Souza – CRB 10/960

S897f Strassburger, Hélio
Filosofia clínica e literatura: conversações / Hélio Strassburger. – Porto Alegre: Sulina, 2023.
152 p.; 14x21 cm.

ISBN: 978-65-5759-113-0

1. Filosofia. 2. Literatura - Ensaios. I. Título.

CDU: 101
CDD: B869



Rua Leopoldo Bier, 644, 4° andar – Santana
CEP: 90620-100 – Porto Alegre/RS
Fone: (51) 3110.9801
www.editorasulina.com.br
e-mail: sulina@editorasulina.com.br

Setembro/2023
IMPRESSO NO BRASIL/*PRINTED IN BRAZIL*

"A Literatura brota de todos os homens,
de todas as épocas. Sua ambígua natureza
determina que os escritores integrem uma
raça fadada a exceder-se. Seus membros,
como uma seita, vivem na franja e no âmago
da realidade, que constrange e ilumina
ao mesmo tempo."

Nélida Piñon

# SUMÁRIO

# Prefácio
# Viagem à biblioteca do filósofo clínico

A lembrança vem dos livros, dos filmes, se entranha, entre pinturas, músicas, e as construções da mente no imaginário do vivido, os acontecimentos escapam da racionalização, do absoluto. Assim, é dessa forma que às vezes mergulhamos na leitura de um livro. A Literatura move-se nos filamentos da vida, perpassa os muros, os sonhos, os tormentos da alma e tudo que pode estar nas teclas de um piano secular, de uma escrita, do pensamento, do filosofar que vive entre a compreensão das realidades e buscas de autoconhecimento. Seguindo Bergson, pois "estamos mergulhados em realidades[1]", viver é tornar-se o lado movente do renovar e tem sua contribuição na Filosofia Clínica esse trazer amalgamado entre livros, ideias e atendimentos. O livro é um dos resultados de anos de pesquisa e dedicação ao ofício da clínica, conhecer para poder viver melhor e dar sua contribuição a um projeto ainda maior, compreender o caminho seu e compartilhar vivências com o Outro. Não há respostas prontas na vida, daí o resultado de um filósofo-terapeuta, *Filosofia Clínica e Literatura – Conversações*, uma pausa para o trabalho, um viver entre as clínicas e suas leituras.

As ideias ainda tomam conta das páginas dos livros. A minha experiência de editor com a Literatura e outras áreas das humanas, com um certo tipo de pensar o Mundo da Vida, na esteira de um pensar filosófico contemporâneo, é o grande desafio sem fim, é o que me faz não desistir. É o que impulsiona o descritível

[1] Bergson, Henri. O mecanismo cinematográfico do pensamento e a ilusão mecanicista. Relance sobre a história dos sistemas. O devir real e o falso evolucionismo. p. 269.

do indescritível e toda uma produção estabelecida na paixão a temas que vão de jogar com os conceitos, poder refletir sobre o poder, por exemplo, à guisa do pensador, daquele que reflete e lê sobre temas complexos. O uso do livro *Filosofia Clínica e Literatura*, como reflexão, uso prático e metafísico, como leitor, bifurca nos jogos teóricos do pensamento contemporâneo, que vem da nascente do pensamento ocidental, e dos caminhos profícuos do pensamento. O discorrer na dinâmica da leitura, dos livros lidos, pensados pelo leitor-autor, Hélio.

O que tenho aqui, o outro lado do filósofo clínico, as suas leituras costuradas, desamarradas da camisa de força do pensamento fechado. Esse foi o resultado do fluxo heraclitiano, em que tudo segue no fluxo das águas, como um barco invisível através do tempo. Não se desiste desta viagem por conta dos entraves e dificuldades, pelo contrário, se junta aos outros. Essa é uma das tarefas do pensamento livre, nunca se deixar abater diante da lógica determinista no pensamento.

Novas paisagens poéticas, a arte tem disso, consegue amalgamar os interesses, as viagens, o livro, a leitura de um texto poderá ser o lado metafísico de sua função, o alimento para o corpo, para a vida, e não basta só a forma, a beleza, é também uma força do imaginário literário.

O espaço do leitor-autor é constituído nas leituras únicas, na percepção do texto, o que o torna coletivo é sua individualidade, a solidão da leitura é um convite à vida, e por que não, o que nos joga no texto é o mesmo que nos embebeda de sentidos. O salto de um texto ao outro é uma viagem sobre leituras a se metamorfosear em sua escrita. A vida é uma saída, é a compreensão dos fragmentos e da totalidade inatingível de toda leitura, e isso é o que move este leitor-pensador da Filosofia Clínica.

A leitura nos leva a vários lugares, dependendo do ponto onde estamos, do que gostamos, dos voos, das viagens, das inserções feitas em nossas leituras. Não existe um método, há sim possibilidades de métodos, de como o leitor-autor lança sua interpretação, de como se entranha nos livros, hermenêutica existencial, é o que o Hélio faz, é o seu convite aos leitores. E se estende ao consultório, esse acolhimento do filósofo clínico, tornar as jornadas mais instigantes e compreensivas, até porque, nada escapa à vida, nem aos mistérios que povoam o imaginário do leitor, do partilhante. O lado interpretativo está na Literatura, na Arte, no Cinema, até no desconhecido criativo de cada leitor.

Poéticas da singularidade, contextos, cenas, roteiros, investigação, essa relação que há entre Literatura e uma terapêutica, ressoa na interpretação, no navegar criativo que o autor propõe na sua leitura de cada livro, de cada texto que ele percorreu, interpretou, pensou, recontou a si, para lançar nessa primavera de 2023. Compartilha seus livros, autores, temas preferidos, como se estivesse convidando-nos para conhecer sua biblioteca, um pouco de sua alma, do humano demasiado humano do leitor-autor. Aqui já temos a quebra de paradigmas, e pronto, o absoluto está na realização do mundo, parafraseando Maurice Blanchot, quando escreveu "O desaparecimento da Literatura", pois estamos no terreno em que a arte não necessita mais do absoluto. Foi o que pensei em cada livro dentro do livro, em que as ideias não devem estar fechadas, sim abertas ao mundo, e ninguém melhor para nos levar a pensar isso, senão o Hélio, que nos presenteia com pequenos textos, imensa imersão filosófica em cada livro que ele já leu. No começo era a leitura, e já nos leva a Rubem Alves, "...o poder de trazer à existência aquilo que não existia", o pensamento através da poética, essa apropriação da leitura sem descolar a vida do mundo. A multiplicidade dos elementos poéticos e criativos auxiliando e propondo a libertação como forma terapêutica. Parece uma simplicidade, para alguns, e afirmo, a simplicidade está em desmontar a lógica analítica, está na produção de sentidos, na percepção fenomenológica ao se aventurar e viver as possibilidades de significação dialética que está na análise de cada obra, no fragmento de cada texto. Esse é o convite, ler e se aventurar depois, em Merleau-Ponty, Derrida, Gadamer, Blanchot, Vargas Llosa, Rilke, em todos os *Pessoas*, os heterônimos do Hélio estão aqui, os que ele dialoga, faz sua reflexão, e, depois, joga na teia investigativa filosófica da Filosofia Clínica.

Luis A. Paim Gomes<br>(Editor, formado em Filosofia (UFRGS)<br>e doutor em Comunicação (PUCRS)

# Introdução

Ao pensar em uma conversação entre Filosofia Clínica e Literatura, salta aos olhos um esboço para localizar sua concepção de mundo, narrativas, deslocamentos. Seu conteúdo cuida de aspectos da nova abordagem terapêutica em relação ao texto literário. Trata-se de um diálogo reflexivo pelas frestas de uma epistemologia intuitiva, recheada de contradições, interrogações, percepções, para – quem sabe – surpreender as estruturas de pensamento em seu instante de caos precursor. Em uma lógica discursiva dessa natureza se apresentam incompletudes existenciais multifacetadas, as quais podem significar um convite para conhecer seus traços e deslizes de anúncio.

Os textos propõem um encontro do livro com os eventos de consultório. Sua exposição acolhe, transita, compartilha um convívio com o fio da navalha hermenêutica. Ao emancipar os relatos das margens e recantos desmerecidos de leitor e partilhante, autor e filósofo clínico, sua descrição elabora uma aproximação com os fenômenos – leitura, escritura, terapia – como ponto de partida para um horizonte pessoal até então desconhecido. Em uma referência à relação da intencionalidade discursiva com a imprevisibilidade dos dias, a palavra pode elaborar literalidades, disfarces, desconstruções, sinais de vida nova.

Esses apontamentos de Literatura e Filosofia Clínica compõem um percurso às poéticas da singularidade. Os roteiros, personagens, contextos da cena literária costumam saltar das páginas de um livro através das leituras e releituras, respeitando a sintonia do leitor com a obra. Na clínica filosófica ocorre algo semelhante, quando o partilhante se exercita numa investigação da sua condição subjetiva em processo.

As correspondências entre a leitura e a relação terapêutica, oferecem um espaço de introspecção compartilhada. Um desses aspectos é a ressonância de uma mensagem escrita ou o alcance da terapia na estrutura de pensamento singular. Trata-se de reconhecer as possibilidades de leitor e partilhante em atualizar seu discurso existencial, tendo como pedra de toque a interseção com o livro ou a hora-sessão. Essa dialética, contribui com o entendimento das representações contidas na retórica de cada um: seus valores, projetos de vida, crenças, papéis existenciais, inseguranças, princípios de verdade.

A obra convida a transgredir as fórmulas críticas pré-estabelecidas, no que se refere à escrita do escritor, à leitura do leitor e à modalidade terapêutica do filósofo clínico com o partilhante. Trata-se de uma proposta para encontrar pessoas com nomes e sobrenomes, em contraponto à tanta explicação bem fundamentada, classificações de pseudociência. Tem-se como Norte/Sul/Leste/Oeste a busca por um convívio de primeira vez – uma conversação para integrar o fenômeno humano em devir, um pouco antes do saber especialista oferecer o cristal da definição ou a sentença diagnóstica.

O teor de afinidade da obra literária com as vivências da terapia encontra um território comum ao vislumbre das narrativas de exceção. Esses eventos têm lógica própria e convidam à perplexidade, diante de uma originalidade em curso. A estrutura subjetiva pode encontrar-se nos clássicos da Literatura e na Filosofia Clínica, por onde os conteúdos do texto e a perspectiva do partilhante vivenciam uma reciprocidade de espelho.

A publicação propõe um convívio com as pronúncias do fenômeno humano singular. Uma manifestação dos estados diferenciados da alma em conversação com o registro dos seus dias. Numa relação protagonista com a hora-leitura e a hora-sessão, suas páginas esboçam uma afinidade da atividade clínica com os roteiros do texto literário, nem sempre possíveis de descrever pelo uso comum das palavras.

Nessa busca pela biblioteca das incompletudes, se insinuam inéditos rascunhos pessoais, muitos deles refugiados no desvão das cogitações. O trânsito pelas páginas de um livro e a atividade clínica podem oferecer uma interseção aprendiz do sujeito consigo mesmo. Muitas vezes, a palavra, frase ou diálogo compartilhado significam o devaneio, a errância, como antessala para uma estética redigir seus silêncios.

A proposta das conversações é investigar as vias de acesso às palavras desconsideradas. Essa conexão de disciplinas afins, permite visualizar a origem e funcionamento do dicionário de uma pessoa, a maneira como se comunica consigo mesma e com sua tribo existencial. Dessa forma, permite identificar o que aparece um pouco antes da representação objetiva. Não se trata de uma definição pronta e acabada, mas uma conjugação de fala, escuta, escrita, leitura a indicar os ângulos de uma construção compartilhada.

Nas práticas clínicas de base DSM, ao se utilizar um olhar *a priori*, é comum tipologizar e cristalizar o fenômeno humano; os diagnósticos e prognósticos inviabilizam o encontro singular e suas chances de reinvenção. Na Literatura, o crítico literário tem uma predisposição hermenêutica – com base em seu saber especialista – referente a obra diante de si. Um antídoto a essas impertinências "apriorísticas" é a lógica descritura, que acolhe, descreve, coloca-se em reciprocidade com os jogos de linguagem – por mais desconsiderados que sejam – em busca de compreender, traduzir, dialogar com seu discurso existencial.

Assim, não é raro um paciente ou leitor superar a condição predeterminada do crítico literário ou as normas da classificação humana, reféns de um olhar que já sabe o que vai encontrar. A escolha de um livro ou terapeuta – por si só – já delimita a natureza da interseção, sua mirada, os desdobramentos. O texto ou a clínica, ao ter um caráter libertário e cúmplice das transformações ou manutenções pessoais, ao dialogar com as lógicas da diferença, pode oferecer um reencontro da pessoa consigo mesma, emancipar horizontes, destravar os nós da cultura onde se encontra, e algo mais.

Ao chegar às mãos de um leitor, o livro pode se apresentar recheado de obviedades ou incógnitas. As narrativas da historicidade, ao revisitarem e atualizarem os conteúdos vividos, se aproximam do fenômeno da releitura de um livro, onde costumam revelar aspectos até então desconhecidos. Outro ponto de conexão da Filosofia Clínica com a Literatura é o vislumbre de um processo singular em curso, como aquela obra até então desmerecida ou deixada de lado por um tempo, ora reconhecida como essencial. Esse papel existencial aprendiz costuma ser aliado das competências diferenciadas.

Tendo em vista a reflexão sobre o papel de uma leitura e o desenvolvimento de uma terapia, é necessário um relato do alcance e significado em cada sujeito, as influências e agendamentos desses convívios. A partir daí, se pode elaborar alguns indicativos à atualização de uma expressividade distante de seu melhor.

Existe um diálogo da pessoa com sua circunstância, um desses momentos por onde reescreve sua história. No caso da hora-leitura e a hora-sessão, esses episódios costumam tornar presente os relatos de outra época se reapresentando. Permitindo ao partilhante/leitor – de acordo com sua singularidade – alguns vislumbres e ensaios pela ótica compartilhada, assumindo – ainda que provisoriamente – o ponto de vista dos personagens de um livro, ou a revisita aos eventos de sua vida.

As vivências com os conteúdos da indeterminação pessoal, podem significar uma aproximação compreensiva com sua geografia subjetiva. A partir de uma matéria-prima singular, rasura-se o dicionário das unanimidades. Ao oferecer um não-lugar por princípio, a abordagem clínica da Filosofia e as páginas da Literatura podem significar uma via de acesso às inéditas regiões exiladas em cada sujeito.

Os manuscritos têm sua origem na paixão dominante da leitura e da atividade clínica. Suas páginas descrevem a intencionalidade de uma pronúncia. Tendo como origem uma teoria que se alimenta da prática, é possível reconhecer os rastros do leitor em direção a si mesmo, sendo outro. Esse ponto de vista para sentir e perceber as interseções entre Filosofia Clínica e Literatura é um desses endereços existenciais por onde transita a irrealidade de toda lucidez.

## LITERATURA E SINGULARIDADE

Ao tecer algumas considerações sobre Literatura e singularidade, se destaca a relação entre autor e leitor. A natureza desse envolvimento se apresenta na especificidade de um encontro inédito em cada releitura. Os desdobramentos desses achados no texto literário prosseguem no cotidiano do leitor, o qual, sendo o mesmo, já é outro, ao regressar de suas visitas e revisitas ao enredo da obra.

Escrever sobre uma fonte de originais e a diversidade de leituras possíveis, propõe uma reflexão sobre a vida de cada um, o que fica e o que se modifica no contato com um livro. Que estranha sintonia fez o leitor escolher este texto e não outro? Quando alguém o destaca numa biblioteca ou livraria, a partir de uma indicação, prefácio ou orelhas, já delimita, sob muitos aspectos, o que poderá encontrar. Ainda assim, os temas convidam a epistemologia para uma leitura peculiar.

Em Rubem Alves: "Tinha de ser uma palavra mágica, pois ela tinha de ter o poder de trazer à existência aquilo que não existia." (Lições de feitiçaria, 2003, p. 76).

Uma obra literária, mais que um caminho de autoconhecimento, pode oferecer conteúdo para elaborações pessoais de longo alcance. As cenas de um livro costumam invadir o dia a dia de seus leitores, reinventando cotidianos. A Literatura oferece uma via de acesso à existência incomum. Numa exploração compartilhada entre autor e leitor, é possível vislumbrar uma singularidade em vias de reescrita.

As tramas da narrativa convidam a uma percepção de si para si mesmo. Acolhendo ou refutando suas ideias, um texto instiga uma pluralidade de movimentos intelectivos, exercitando a plasticidade da mente, com repercussões na vida objetiva. A experiência da leitura oferece uma integração entre real e irreal, destacando, em si mesma, aquilo que já existia como propensão ou possibilidade estrutural.

Ricardo Piglia recorda Borges: "Talvez o maior ensinamento de Borges seja a certeza de que a ficção não depende apenas de quem a constrói, mas também de quem a lê." (O último leitor, 2017, p. 28).

O convívio da Literatura com a singularidade, retira sua matéria-prima do encontro do leitor com os roteiros e personagens do texto. Essa compreensão das repercussões da leitura na vida de cada um se apresenta como opção às lógicas de contenção da expressividade.

Em Filosofia Clínica, contraditória à ditadura das tipologias, a "camisa de força" dos psicofármacos são a caneta e o carimbo do alienista –, o conceito de singularidade encontra um método para sua abordagem, tendo como referência a noção de que cada pessoa é um ser único, irrepetível.

As narrativas da fábula ou enredo costumam oferecer, ao leitor, rotas de acesso à sua farmácia interior. Nesse sentido, as práticas literárias, ao superarem as lógicas da exclusão, podem significar uma terapia da libertação; um desacordo com o olhar pré-determinado a enxergar delírio e loucura, onde se ensaiam projetos existenciais incompreendidos.

# O ÂNGULO DAS PERPLEXIDADES

Um dia desses, avistei uma crítica, daquelas que você fica pensando sobre a representação de onde partiu. A pessoa disse assim: "nome estranho, esse: Filosofia Clínica. Não me soa bem". A partir daí, surgiram algumas notas sobre esse lugar de onde se diz o que se diz, ainda quando se acredita saber o que se conhece.

O preceito socrático "só sei que nada sei" oferece uma deixa aprendiz para conviver com a dialética das originalidades. Elas possuem uma fonte singular de rituais e dialetos inacessíveis a um contato de superfície. Sua expressão costuma ter um sentido obtuso, a uma leitura distanciada de sua origem.

Um ponto de vista excepcional aprecia ser inesperado. Cabe ao sujeito se deslocar para ser protagonista com a desmedida de toda medida; mesmo assim, sua tez de caráter incompreendido, continua a desconstruir convicções. Uma descrição dessa natureza precursora: parece escolher a quem revelar sua ótica. Não bastam as medalhas, condecorações, títulos, para justificar sabedoria e conhecimento. O território filosófico-literário reivindica outra espécie de gente.

Friedrich Nietzsche ensina: "(...) as grandes coisas ficam para os grandes, os abismos para os profundos, as branduras e os tremores para os sutis e, em resumo, as coisas raras para os raros." (Além do bem e do mal, 2005, p. 44).

A escuta extraordinária possui a sensibilidade de um cego a enxergar com os ouvidos. Talvez, assim, se possa compreender o que as palavras oferecem além de si mesmas. Cada coisa se deixa entrever numa lógica própria. Sem esquecer a irrealidade, refugiada nas margens e franjas de uma narrativa qualquer. A relação entre você e o fenômeno modifica ambos; a partir de então, constituindo algo inédito, mesclando um e outro para sempre, enquanto durar. Um discurso existencial, assim descrito, cuida de aspectos refugiados nas entrelinhas do velho diário.

Um pressuposto de estranheza convida a uma aproximação da vida cotidiana com esse algo mais que a integra, como uma via de acesso ao território onde Filosofia e Literatura encontram seus originais. Esse ponto de vista se assemelha ao equilibrista diante do abismo sem rede.

Em Fritjof Capra: "Minhas observações convenceram-me de que a ideia do que é normal e do que é patológico não deve se basear no conteúdo ou na natureza das experiências pessoais incomuns, mas, sim, na maneira como o indivíduo consegue lidar com elas e no grau em que é capaz de integrar tais experiências em sua vida." (Sabedoria incomum, 1988, p. 100).

Nesse momento, você poderia cogitar sobre nossa distância, uns dos outros, apesar dos acordos para conviver, por onde cada um persegue seu roteiro impregnado de espelhos, como se o mundo inteiro fosse refém de sua janela. Assim, para acessar algo incomum, você terá de ser incomum com aquilo que irá avistar; qualificar seus deslocamentos pela indeterminação dos dias.

Ao esboçar uma epistemologia dos territórios desconsiderados, se busca a região subjetiva por onde flutuam seus manuscritos. Nesses casos de desconstrução da realidade conhecida, pode ser significativo decifrar os rastros dos múltiplos enredos. É possível a lucidez desarrazoada, oferecer vislumbres contraditórios com a palavra final sobre qualquer coisa. Até uma breve retrospectiva sobre a própria vida adquire outra conformação, quando uma versão atualizada permite reescrever sua história.

O ângulo das perplexidades concede uma aptidão para surpreender-se. Essa descrição acolhe a expressividade fugaz; sua estética propõe o não-lugar de todo lugar, numa percepção daquilo que é não sendo. Pode ser estranho conhecer algo em vias de tornar-se; necessário uma abordagem singular para considerar esses instantes de projeto.

# A escrita da Filosofia Clínica

Um processo de múltiplas faces se apresenta como esboço de aproximação da clínica com a Literatura. O viés metodológico do novo paradigma insinua algo mais que a lógica bem estabelecida nas retóricas da tradição. Reivindica ao leitor e ao filósofo terapeuta uma abertura e um acolhimento investigativo ao que se diz e ao que não se diz pela palavra.

As contribuições para a redação da Filosofia Clínica se traduzem em: textos, artigos, crônicas, obras do cotidiano terapêutico, por onde seus autores compartilham percepções, sensações, e outros ingredientes de consultório. Por ser uma atividade viva, sua essência é a incompletude discursiva, em que viver pode ressignificar-se a todo instante.

A Filosofia Clínica, ao oferecer um método para lidar com o inusitado, se inscreve como cara-metade de sua matriz: a Filosofia. Nela, além da fundamentação teórica, se encontram suas principais características: a investigação, o espanto, a admiração, por onde um processo terapêutico pode significar: análise, reflexão, construção compartilhada ... Sua escrita encontra uma fonte de inspiração no conteúdo das sessões. Por se tratar de uma mescla entre realidade e ficção, sua circunstância aprecia descrever-se na provisoriedade de um ensaio.

Sua tez de não universalização compõe uma especificidade própria, reivindica um olhar diferenciado aos trânsitos da singularidade. A palavra "intencionalidade", pelos termos agendados no intelecto, pode revelar algo mais, surpreendendo a própria autoria. Assim, se descobre quando os fatos arquivados na memória podem ser reeditados, quase sempre em sintonia com uma ótica em desenvolvimento.

Os princípios de verdade de uma época podem refutar o caráter heterogêneo que a constitui – quando isso acontece, não é raro surgir textos literários para traduzir recantos desmerecidos. A qualidade da interseção entre um bom livro e sua leitura, assim como a relação do filósofo clínico com seu partilhante, apresentam ingredientes que cooperam entre si.

Um discurso existencial pode assumir múltiplas facetas, nem sempre acessíveis à primeira vista, como depoimentos, entrevistas, artigos, narrativas, poéticas ... Uma arquitetura narrativa se rascunha nas leituras de Filosofia Clínica e Literatura. Essa conjugação prescreve seus remédios de acordo com os roteiros da singularidade.

Os rituais de escritura das belas-letras e o constructo da nova abordagem encontram uma via de interseção na esteticidade seletiva – um dos caminhos para acessar e interagir com os episódios de transgressão pessoal. Os personagens em um texto literário falam uma língua singular, que terá alguma repercussão neste ou naquele leitor, de acordo com sua sintonia no momento leitura.

A abertura entre uma e outra realidade sugere um encontro a uma nova condição. A vida – até então clandestina – quando se insinua nas frestas de um cotidiano, desveste seu caráter marginal, para assumir um centro irradiador de ideias, projetos, investidas existenciais. Assim, se pode cogitar sobre aquilo que escapa ao ser manuscrito, se reapresentando noutra ocasião, como deslizes narrativos, ilações marginais, derivações. O aspecto de uma vivência coadjuvante – no caso do autor ou filósofo clínico –, na vida de outra pessoa, pode significar a antessala aos inéditos territórios subjetivos. Nesse sentido, uma interseção mais-que-perfeita institui um encontro incomum, de onde elabora e reescreve projetos existenciais. Os ensaios oferecem uma nuance de paraíso ao instante transformador.

## A LEITURA COMO FONTE DE INSPIRAÇÃO

A incógnita sobre as origens da escrita insinua múltiplas vertentes, indicando vias, desvios, atalhos, nem sempre de acordo com a vontade de quem rascunha seus devaneios. Ao mesmo tempo em que um texto descreve uma ótica singular, convida a uma leitura peregrina, ao lembrar que aquilo que se mostra não encerra suas possibilidades.

O texto literário é um desses lugares onde passado, presente e futuro se integram na vertigem de um testemunho. Uma noção assim pode ser remédio ou veneno, dependendo da graduação dos óculos de leitura; a relação de texto e contexto; o equipamento subjetivo do leitor; sua aptidão para enxergar os deslizes da literalidade, como um protagonista numa história recontada por sua leitura.

A vida de cada pessoa tem um dentro e um fora, num convívio de si mesma com as ruas, calçadas, trânsitos cotidianos. Mesmo aquilo que se convencionou chamar realidade – ao insistir que tudo já foi encontrado, criado, feito – se reconhece nas páginas de um livro, a pluralidade dos territórios por chegar.

Émile Faguet diz assim: "(...) o leitor de livros onde são retratados seres definitivamente excepcionais é, em geral, um homem a quem a vida não satisfaz (...)". (A arte de ler, 2009, p. 38).

Existe um silêncio a preencher os espaços da página escrita, parece querer dizer algo mais. Através da escrita, elabora-se uma cogitação sobre as mil vozes que a constituem, descrevendo o autor como sujeito e objeto de uma trama. Cogita-se a identidade desse personagem nas entrelinhas de uma escritura ou leitura.

O escritor cria o texto a partir de seu lugar no mundo; o leitor acessa a obra a partir de sua – nem sempre – própria realidade. Quando esses universos se encontram na hora-leitura, algo mais acontece. Ao reler os livros da estante, é possível sentir uma atualização do olhar, ampliando a compreensão das coisas.

Ao se ter em mente essa natureza em estado primitivo, é possível entender por onde ficção e realidade se encontram. Para alguma clareza sobre o fenômeno literário e de onde se origina, reivindica-se uma releitura do autor pelo leitor. O conteúdo das páginas de um livro, enquanto enfeitiça alguns, para outros nada significa.

Para Émile Faguet: "(...) há leituras muito diferentes, segundo as diferentes naturezas de espírito e, por conseguinte, há, e é divertido, decepcionante também ou pouco seguro – e tal que não se pode confiar nele levianamente, mas bastante instrutivo em suma – um estudo dos espíritos e mesmo das almas, um estudo dos homens através do que demonstram ser como leitores (...)". (A arte de ler, 2009, p. 34).

A leitura que se desenvolve em cada um, através dos livros ou no convívio diário com sua circunstância, imprime em sua subjetividade um mapa às suas possibilidades. As páginas podem revelar, ao leitor, aspectos desconsiderados para si mesmo. Tendo-se em vista a abordagem da Filosofia Clínica, não é possível estabelecer uma tipologia ou classificação de leitores, mas realizar aproximações e descrições sobre sua relação com uma determinada obra.

Uma alquimia se realiza no encontro do leitor com sua leitura. Assim, as palavras podem ser brisa, ventania, tempestade. Nem sempre se pode precisar as origens de uma escritura, sem contar as releituras e desleituras. Um lugar onde a intencionalidade e sua expressão buscam um melhor ângulo de visão. Talvez as páginas de um livro concedam, em diferentes momentos da vida, uma via de acesso àquilo – até então, inacessível.

# Indícios de quase nada

A interseção da Filosofia Clínica com a Literatura se apresenta na superação de um nada. Nesse chão, nem sempre epistemológico, se localiza uma abertura ao acolhimento do fenômeno humano. As inumeráveis anotações, sensações, percepções – ainda quando determina um endereço único – se deparam com uma geografia por descobrir.

Seu vislumbre costuma se insinuar num convívio com uma realidade estranha, por onde se evidencia um "ser nada" acontecendo. Os diálogos da sua existência revelam múltiplas facetas, instantes de um olhar em perspectiva, onde nada pode ser algo. De qualquer forma, desse ângulo para desvendar inéditos, é possível descrever o território fonte de inspiração. Para superar essa condição preliminar, pode ser necessário um esboço em busca de mais conteúdo.

Um indício desse lugar, antes de uma tradução como transgressão criativa, é sua menção como irrealidade ou desatino. Na mesma direção, surgem vestígios desse nada pelos papéis existenciais e expressividades torcidas no dia a dia, podendo reapresentar-se em linguagem própria. Sua tez de luz e sombra protege sua originalidade, a qual reivindica a visão da singularidade para se mostrar.

Com a referência da Filosofia Clínica, se tem um ângulo aprendiz para acolher quem chega, superando os totens da tipologia e da classificação. Aqui, seu aparecimento se dá na conjugação da redução fenomenológica e analítica da linguagem, para descrever, investigar, transitar com o discurso existencial do partilhante.

O nada pode se constituir num território marginal – às vezes, à própria pessoa – redigindo suas páginas em eventos extraordinários, onde se oferece em linguagem peculiar, nem sempre reconhecível à primeira vista. Nesse intervalo de tempo, a vida se elabora. Algumas vezes, as reticências podem abrigar um nada e um tudo de qualquer coisa.

Nesse sentido, sua interseção se oferece num começo sem fim, que se desdobra. A partir do momento em que se reapresenta como algo – seja uma definição, intuição, percepção – para uma pessoa ou comunidade, já será outra coisa, numa distância aproximada de onde partiu. Seu aparecimento, como lacuna ou espaço vazio, reverencia um território entremeios de chegadas e partidas. A imaterialidade dessas linhas aprecia surgir um pouco antes ou depois de qualquer coisa. Ao pensar sobre esse nada como possibilidade, ser e não ser "é".

## Um convívio com o inusitado

Dentre as formas de descobrir algo de si para si mesmo, destacam-se as possibilidades – além da vida cotidiana – refugiadas na Literatura e na terapia. As condições necessárias para uma leitura silenciosa das páginas de um livro se assemelham aos pré-requisitos de um processo terapêutico (em Filosofia Clínica), ambos espaços para uma atividade singular compartilhada.

Os aspectos preliminares se apresentam em uma atitude de abertura de alma em direção ao desconhecido. As pessoas podem se aproximar desse movimento consigo mesmas, tendo como companhia uma obra literária ou um cúmplice de caminhada, capaz de oferecer um lugar de ensaio para sua subjetividade. Quando isso acontece; uma via de acesso se abre aos inéditos da obra literária ou na hora clínica.

Jacques Derrida lembra Merleau-Ponty: "(...) No escritor, o pensamento não dirige a linguagem do lado de fora: o escritor é ele próprio como um novo idioma que se constrói (...)". (A escritura e a diferença, 2005, p. 24).

Esse movimento do sujeito à procura de um livro ou um encontro diferenciado, com metodologia e competência para representá-lo, costuma enviar sinais – quase sempre imperceptíveis ao próprio espelho – através dos eventos de crise, sensação de estar perdido, caos transformador. Assim, pode ser uma busca por melhores dias, emancipando-se em novas direções existenciais.

A visita diária às letras que formam palavras, se associando em frases para constituir parágrafos, edições inteiras, pode significar algo mais nas incompletudes, integrando margens e subsolos num sujeito inconformado. Não é raro os princípios de verdade serem um freio existencial para quem faz da vida uma proposta às verdades desconsideradas. Nesses instantes, podem ocorrer eventos incomuns, onde a pessoa se reconheça num processo irrepetível, nem sempre comunicável.

Júlio Cortázar indica: "(...) se o poeta é sempre 'algum outro', sua poesia tende a ser igualmente a partir de outra coisa, a encerrar visões multiformes da realidade na recriação singularíssima da palavra (...)". (Valise de Cronópio, 2013, p. 50).

As verdades subjetivas agendadas pela família, igreja, escola podem distorcer solenemente – amparadas por leis, normas, costumes – qualidades e propensões a um devir diferenciado. Um livro ou um terapeuta podem contribuir nessa relação da pessoa com ela mesma. No entanto, pode ser necessário um tempo subjetivo – autogenia – para que isso aconteça, ainda mais nesses tempos de equivocidades e distorções, onde proliferam certezas de aspecto hegemônico.

Talvez as escolas pudessem ensinar, em seus espaços de aprendizado, conteúdos para desenvolver habilidades – como: plasticidade, reciprocidade, reflexão – aos seus alunos, professores, pais, além das matérias comuns. Permitindo, assim, conhecer e transitar por essa imensa geografia subjetiva, descobrir territórios exilados em cada um.

Nesse sentido, o assunto imediato pode ser um pretexto às rotas do inusitado. Ao vivenciar um enredo literário como protagonista, ou desconstruindo e atualizando memórias na hora-sessão, a pessoa pode saborear instantes de reencontro consigo mesma, em um discurso existencial que a represente.

Em Filosofia Clínica, se dá ênfase a uma hermenêutica compreensiva, em contraponto à hermenêutica interpretativa. Ao ser interpretação, um pretenso saber especialista destaca, *a priori*, aquilo que será importante em determinada leitura ou abordagem. Com isso, a nova abordagem terapêutica apresenta mais um quesito de distanciamento, em relação às crenças e práticas da tradição.

Sua atividade acolhe o sujeito, a partir de uma condição singular em processo. A fenomenologia, como um dos seus fundamentos teóricos, cuida da descrição dos inéditos fenômenos diante de si, sem julgar, classificar, interpretar, inaugurando procedimentos compartilhados *a posteriori*. Uma expressividade assim se mostra em linguagem própria, reivindicando uma aproximação cuidadora, para uma tradução de sua estrutura e fundamentos.

Hans-Georg Gadamer ensina: "(...) compreender significa, de princípio, entender-se uns com os outros. Compreensão é, de princípio, entendimento. Assim, os homens se entendem entre si, na maioria das vezes imediatamente, isto é, vão se pondo de acordo até chegar a um entendimento. Acordo é sempre, portanto, acordo sobre algo. Compreender-se é compreender-se em algo". (Verdade e método – Traços fundamentais de uma hermenêutica filosófica, 1997, p. 282).

Os exames categoriais, etapa preliminar da clínica filosófica, qualifica a relação com o partilhante a partir de uma redução fenomenológica, por onde oferece sua escuta de acolhimento e interseção. Semelhante a esse procedimento, a leitura de um livro, reivindica uma abertura pessoal para interagir com suas páginas. Num primeiro momento, se destaca um não-saber que quer saber.

As expressões contidas numa obra têm um sentido específico, a reivindicar uma chave de leitura para aproximar autor e leitor.

A hermenêutica filosófica, como uma via de compreensão entre duas ou mais perspectivas existenciais, também se aplica à obra literária e suas derivações. Se refere ao contato de um sujeito com a obra diante de si e suas implicações. Quando há uma afinidade entre autor e leitor, é possível se estabelecer uma interseção positiva. Nesse sentido, o livro pode sugerir autogenias ao leitor, tendo por base os conteúdos de seu texto.

Um espírito literário descrito em palavras pode oferecer um vislumbre de uma estrutura de pensamento; a qual, através do livro, imprime algo de si mesma, ao propor roteiros com múltiplas leituras. É possível se encontrar, nas páginas de um livro, características incompreensíveis à sua época.

Em Gadamer: "(...) A conversação é um processo pelo qual se procura chegar a um acordo. Faz parte de toda verdadeira conversação o atender realmente ao outro, deixar valer os seus pontos de vista e pôr-se em seu lugar, e, talvez, não no sentido de que se queira entendê-lo como esta individualidade, mas, sim, no de que se procura entender o que diz. (...)". (Verdade e método – Traços fundamentais de uma hermenêutica filosófica, 1997, p. 561).

Assim, destacam-se alguns acordos sobre um texto, sem, no entanto, esgotar suas possibilidades de entendimento e derivação. Aqui, o conceito de singularidade se reapresenta, como uma chave para compreender o fenômeno leitura, como algo integrante do contexto – em movimento – de cada leitor.

As trocas que se realizam num evento literário dizem respeito ao padrão autogênico de seus integrantes. Lembrando a inexistência de um caminho único para a leitura de um texto literário. Cada um lê e escreve com aquilo que tem no momento – isso pode significar um convívio com infinitas teias narrativas, de onde não se sai o mesmo. Talvez assim se possa elaborar a vida numa estética singular.

# A EFICÁCIA DE UM TEXTO

A leitura aprecia oferecer rotas ao desenvolvimento da subjetividade. Uma imersão por esses enredos literários oferece matéria-prima para a escrita de um caminho próprio, reverenciando o sujeito singular em cada um.

Nesses trânsitos pelos textos e contextos diferenciados, através das leituras e releituras, é possível acessar-se, para visualizar aquilo que se sabia existir, mas não tinha como se expressar. Nessa relação com o ambiente mágico dos livros, existe um convite visível a quem puder ler.

A concepção de um mundo que o represente, se mostra, sob múltiplos aspectos, na relação do leitor com suas leituras; uma condição para qualificar seu processo existencial. No contexto do autor, visitado pelo leitor, é possível um vislumbre sobre os recantos desconhecidos de si mesmo.

Mario Vargas Llosa contribui: "(...) Um livro se converte em parte da vida de uma pessoa por uma soma de razões que dizem respeito simultaneamente com o livro e a pessoa." (A orgia perpétua, 1979, p. 15).

Não existe livro antigo, pois, ao contato de um olhar, seu conteúdo se renova, adquire sobrevida, se reapresenta em sintonia com o leitor recém-chegado. O encontro da Literatura com as pessoas descreve um fenômeno incomum, ou seja, o alcance desses achados literários tem a ver com a possibilidade de quem lê. Assim, não é raro as leituras prediletas de uma época se tornarem insignificantes noutro momento.

Ao espírito leitor, a noção de paraíso talvez consiga encontrar, nas páginas de uma obra, aquele algo mais que o represente. Superando a crítica especialista, a qual, ao definir – com rigidez

– estilos e feições literárias, pode inibir as novas tendências no mundo da escrita.

A incompletude de que somos parte, como autores – da nossa vida – e leitores do que nos acontece, elabora uma substância aos momentos de transgressão em direção a algo que nos represente.

Em Mario Vargas Llosa: "Um punhado de personagens literários marcou minha vida de maneira mais durável que boa parte dos seres de carne e osso que conheci." (A orgia perpétua, 1979, p. 13).

O impacto dessas interseções com a obra literária é refém de uma busca pelo livro ideal: aquele que ofereça – em determinado momento – condições para localizar um outro si mesmo, refugiado nalgum ponto de sua estrutura de pensamento. É rara a determinação prévia do que uma obra possa oferecer, coincidir com a ressonância de sua leitura.

Nesse sentido, a eficácia de um texto se assemelha a uma representação diante do espelho; confirmando ou distorcendo essas imagens, convida a um diálogo reflexivo sobre suas mensagens. Nas páginas de um livro, pode se realizar, pela via da reciprocidade, a magia de um encontro transformador. Quem sabe por isso a Literatura seja uma ameaça às propostas ideológicas de sentido único.

# A vida extraordinária das palavras

O uso das palavras se apresenta de acordo com a intencionalidade e a expressividade do autor. É a partir dos termos agendados em seu intelecto, compartilhados nas narrativas de um livro, que se torna possível compreender a fonte de inspiração de onde partiu.

As expressões não têm um sentido único, pois servem de chão a tantos discursos existenciais, quantos possam ser o seu uso pelas pessoas. A desmedida da palavra tem a ver com seu contexto narrativo, esse lugar irrepetível em vias de transcrever sua verdade subjetiva.

O vocabulário de cada um convida a um aprendizado sobre sua medida de todas as coisas. A forma como escreve, seu conteúdo, os endereços existenciais por onde transita representam seu horizonte de possibilidades. Um texto singular, a ser diverso da literalidade do dicionário, pode acessar a secreta nuance de todas as coisas; daquelas que são o que são e daquelas que são o que não são, acrescentando ingredientes à cultura onde se desenvolve.

A Literatura oferece subsídios para emancipar singularidades. Seu teor convida um leitor de raridades a experienciar aspectos desconhecidos para si mesmo. As múltiplas variações da escrita podem oferecer em sua narrativa um deslocamento do olhar. Os cenários de um roteiro literário, mais que uma via de acesso a seu autor, se integram à realidade do leitor.

Michèle Petit contribui: "(...) não é somente um reconhecimento de si que a Literatura permite, mas uma mudança de ponto de vista, um encontro com a alteridade e talvez uma educação dos sentimentos." (A arte de ler, 2010, p. 110).

Tendo como referência o ponto de vista no instante leitura, onde o sujeito se vê representado ou surpreendido pelas páginas de um livro, é possível compreender seu fascínio por determinados escritos, em detrimento de outros. Quando isso ocorre, o texto acrescenta vida ao espírito de quem lê.

Uma percepção sobre o caráter extraordinário de um dizer reivindica um olhar não tipológico ao se defrontar com obras literárias. Parece fazer menção a uma determinada sintonia entre autor e leitor. Que palavras usar para descrever as irrealidades cotidianas na vida de um sonhador ?

Em uma leitura, a estranheza de um livro costuma se associar ao padrão autogênico do leitor. Se ele, noutro momento de sua vida, voltar à mesma obra, além de reconhecer aspectos já considerados, poderá acessar outros lugares em suas páginas e em si mesmo, até então interditados pelo lugar onde vivia.

Ernst Cassirer diz assim: "(...) toda forma de espírito verdadeiramente original cria a forma linguística que lhe é apropriada." (A filosofia das formas simbólicas, 2001, p. 117).

Uma visibilidade compreensiva da obra literária tem a ver com o desenvolvimento do leitor em sua direção. Um fenômeno dessa natureza costuma estar vinculado a uma história de vida: desde os primeiros anos até o instante desse contato. Esse fenômeno ajuda a entender a preferência por determinadas obras, intimamente ligadas a uma singularidade em processo. Não é rara a sensação de se viver à margem do mundo, até o dia em que suas páginas ofereçam àquilo que se sabia existir – até então sem palavras para se contar –, ressignificando devaneios em poéticas da singularidade.

Inexiste uma fórmula definitiva para o uso da palavra. Ela possui atributos para se reapresentar a cada escrita e leitura. Nesse sentido, sua essência é ser parte de uma dialética singular. O convívio inusitado com um livro, ao emancipar os limites de uma condição existencial, oferece novas maneiras para reconhecer o mundo.

# Escritura *sub-versão*

A escritura aparece como um fenômeno incapaz de aprisionamento. Seu estorvo consiste na contradição ao discurso bem ajustado, aclamado por um espírito de multidão. Sua busca de um processo criativo recheado de novas imagens, mensagens, desvãos aprecia desconstruir teses de pretensão definitiva. A partir de si mesma, inaugura estilos, idioletos, compartilha estéticas a deslizar epistemologias. Num esboço de originalidade, seu não ser emancipa periferias, descreve vertigens, menciona devaneios.

O discurso alienado é ensinado desde cedo nas escolas da infância existencial. A expressividade que anunciaria o sujeito singular costuma ser diagnosticada, internada, exilada de sua melhor condição. Os desvios assim são tratados a golpes de farmácia, propõem à normalização alienista.

A *sub-versão* dos códigos reconhecidos aprecia a polissemia de um dia qualquer. Seu viés simbólico convida a vislumbrar e refletir sobre as tentativas de mordaça à obra escritura. Seu aspecto fora de si descreve um território inexplorado.

Maurice Blanchot recorda Nietzsche: "(...) uma forma tal marca sua recusa de sistema, sua paixão pelo inacabado, o fato de pertencer a um pensamento (...) ela esteja ligada à mobilidade da pesquisa, ao pensamento viajante – o de um homem que pensa caminhando e segundo a verdade do caminhar." (A conversa infinita – a experiência limite, 2007, p. 115).

Uma trama significativa descontinua-se nas entrelinhas da lógica dos excessos. É possível que a sua atitude seja a mais revolucionária recusa ao sentido único. Através dos subcódigos de estranhamento, acena com as poéticas da incerteza. Um trânsito por suas margens denuncia a condição humana em processo de reinvenção.

O manuscrito fundador, ao acolher esse saber estrangeiro no próprio idioma, oferece alternativas para decifrar vontades. Seu teor criativo balança a definição bem ajustada. As lógicas do improviso apontam novos horizontes, concedem uma fresta à sintaxe marginal.

Blanchot ensina: "(...) É preciso voltar-se para as grandes obras sombrias da Literatura e da arte para – talvez – ouvir novamente a linguagem da loucura. Goya, Sade, Hölderlin, Nietzsche, Nerval, Van Gogh, Artaud, essas existências nos fascinam pela atração que sentiram, mas também pela relação que cada uma parece ter mantido entre o saber obscuro da desrazão e aquilo que o saber claro – o da ciência – chama de loucura." (A conversa infinita – a experiência limite, 2007, p. 178).

Nesse sentido, o texto desdobra-se na interseção com a vida. Ao distorcer o panorama hegemônico ao seu redor, torna-se irreconhecível às suas anterioridades. Talvez essa proposta consiga descrever o sujeito-objeto, excessivamente maquiado pela vida normal. Seu transbordamento pessoal pode permitir a alusão desses exílios nos deslocamentos da palavra.

A poética dos desclassificados sugere uma comunicação inaudita. Um de seus apontamentos é a tradução das irrealidades. Seu pensar extraordinário deixa entrever os desvãos da alma primitiva. Sua obra segue inconclusa como escritura subversiva na língua dos excluídos.

## Sobre a poética das coisas

Uma versão sobre a vida nas coisas poderia conter um esboço sobre suas origens e desdobramentos. Na desmedida em que o texto se escreve, a coisa em si se apresenta como qualquer uma. Sua linguagem peculiar se mostra adequada a um ponto de vista. Suas instáveis fronteiras indicam as relações entre uma coisa e outra.

Para descrever sua representação, não é preciso defini-la, mas buscá-la por esse algo mais que escapa. A concepção para si mesma se oferece nas múltiplas derivações de um olhar, refém de uma perspectiva "sempre outra". O interior das coisas guarda um segredo, jamais revelado por inteiro. No entanto, permite cogitar sobre a natureza de onde partiu, os significados e nuances, o quanto de si mesma permanece em suas interseções.

Ao classificar algo com rigor e precisão, se deixa escapar sua tez de pluralidade. O modo subjetivo que lhe atribui um sentido desconstitui aquilo que era, um pouco antes de servir para outra coisa. Numa busca para retratar o instante, surge a suspeita de originalidade em cada mirada. É improvável a superação da vertigem inicial oferecer uma percepção sobre a vida nas coisas.

Em Rainer Maria Rilke: "(...) uma influência anônima, assim como o sangue dos antepassados se movimenta em nós constantemente, misturando-se ao nosso e formando com ele a coisa única e irrepetível que somos em cada curva de nossa vida." (Cartas a um jovem poeta, 1976, p. 75).

Esses vestígios, de algo indefinível por inteiro, se oferecem no convívio com esses outros de si mesmo. Para uma aproximação com a estrutura desse fenômeno, observa-se o lugar onde a coisa se encontra, o papel que desempenha, a natureza e o alcance de sua relação com as pessoas. Daí, é possível entender as peculiaridades, os endereços existenciais por onde transita, os subsídios que oferece sobre a intencionalidade que a detém.

Com Rainer Maria Rilke: "As coisas estão longe de serem todas tão tangíveis e dizíveis quanto se nos pretenderia fazer crer; a maior parte dos acontecimentos é inexprimível e ocorre num espaço em que nenhuma palavra nunca pisou. (...)". (Cartas a um jovem poeta, 1976, p. 21).

A expressividade, refugiada num cotidiano qualquer, costuma oferecer pistas de sua melhor versão. A memória de um objeto costuma estar vinculada a uma vivência, da qual retira parcela significativa de sua energia. Para ter uma via de acesso a essa condição subjetiva, pode ser necessário um mínimo denominador comum, concedendo visibilidade às suas transgressões. Com essa desconstrução de uma interpretação de mão única, se apresenta um convite para decifrar o que escapa pelo que indica.

Assim, é possível reconhecer, na geografia movediça das palavras, algo mais sobre si mesma. Veja-se o caso de um ponto final, onde, depois dele, já são outras coisas para se dizer. A concepção de uma poética das coisas descreve a vida por seus múltiplos rastros.

# Como saber se um livro é bom

Em Filosofia Clínica o conceito de singularidade constitui sua essência. O novo paradigma oferece um método capaz de acolher e trabalhar com o fenômeno humano, a partir de suas próprias referências existenciais. Para acessar e interagir com uma pessoa, reivindica-se uma interseção de qualidade, exames categoriais e estrutura de pensamento, para início de conversa.

Nesse estudo sobre sua relação com a Literatura, busca-se uma aproximação com sua epistemologia multifacetada, os deslocamentos existenciais, as possibilidades para melhorar a vida das pessoas. Existe uma busca social por compartilhar leituras e estabelecer consensos. No entanto, dessa forma, perde-se a valiosa oportunidade para aprender com as lógicas da diferença.

Antecipadamente, não é possível saber do que se trata: as suspeitas indicam algo para além do assunto imediato e do instante leitura. Inicialmente, não se tem como saber se um livro é bom ou se uma clínica é apropriada. Uma e outra abordagem reivindicam um envolvimento aprendiz, além de observação, interação, convívio com os espaços da vida singular.

Roland Barthes indica: "(...) uma sobre-palavra, o real lhe serve apenas de pretexto (para o escritor, escrever é um verbo intransitivo); disso decorre que ela nunca possa explicar o mundo, ou, pelo menos, quando ela finge explicá-lo, é somente para aumentar sua ambiguidade (...)". (Crítica e verdade, 2011, p. 33).

Uma prática divulgada na sociedade é o fato de uma pessoa gostar de um livro e indicá-lo aos amigos, colegas, familiares, como se todos tivessem as mesmas preferências literárias. Esse equívoco constitui a base desta reflexão sobre o alcance e desdobramentos de uma obra literária.

Inexiste uma fórmula mágica para se dizer se um livro é bom ou não. O que uma pessoa aprecia pode ser o contrário de outra. As conexões realizadas numa leitura dependem de tantos aspectos quantos sejam os leitores, ou seja, a singularidade em interseção com suas páginas, vai determinar o alcance da mensagem que o autor produziu. Os personagens de um roteiro literário – quando acolhidos – costumam assumir as características da malha intelectiva do leitor.

Alguns aspectos podem favorecer uma antevisão do que seria um bom livro, para determinado leitor: sua afinidade com o tema abordado, ter sua frequência subjetiva atualizada, aptidão para acessar as chaves de leitura. Após, investigar as repercussões, os desdobramentos no cotidiano, ou se tudo que foi lido já se perdeu no universo vertiginoso de informações e desinformações.

Michèle Petit diz assim: "Esse lugar remoto das leituras vem às vezes modificar a percepção dos lugares familiares, expande-os, como para Silvia, que passou a olhar de um jeito diferente para o espelho do banheiro depois de ter descoberto as aventuras de *Alice no País das Maravilhas* (...)". (A arte de ler, 2017, p. 82).

Em um texto literário, existem sinais, indicações, pressupostos nem sempre visíveis ao primeiro olhar. As entrelinhas costumam abrigar outras possibilidades de leitura. A musa de uma obra não se revela por inteiro nas palavras. O aspecto da ressonância costuma localizar o alcance de uma obra, inclusive quando provoca releituras e anotações sobre seu teor. Nesse sentido, as derivações importam, pela necessidade de um aprofundamento investigativo.

Para saber se um livro é bom, não basta o gosto ou preferência de uma pessoa. É preciso saber a quem a obra se destina, qual o papel que poderá cumprir, as tramas significativas envolvidas em suas páginas. Talvez a excelência de um livro resida em sua competência para ampliar as janelinhas do cotidiano.
Noutras palavras, o conteúdo de um livro permanece em aberto,

a quem tiver uma disposição singular para as aventuras literárias – sem contar com uma incerta sintonia de autor e leitor, onde as palavras possam modificar-se num esboço de relação inédita.

## O SEGREDO DAS PALAVRAS

A espécie de texto que se tem em mente é uma singularidade. Sua estrutura pressupõe a conjugação, nem sempre linear, entre o horizonte discursivo do autor e sua competência em transgredir as páginas conhecidas – um peregrino das palavras em busca da fonte onde nascem as intencionalidades.

Com o vocabulário comum, em alguns casos, será possível realizar aproximações, noutros sequer tangenciar as origens da expressividade: os exílios, desvãos, periferias e derivações. Ao transcrever esses conteúdos, na parcialidade de um texto qualquer, é possível entender a razão dos seus segredos serem indecifráveis por inteiro.

Num processo de escritura, sua concepção descreve algo mais, tendo como ponto de partida uma mente repleta de vírgulas, devaneios criativos, irreflexões. Esses escritos nem sempre serão compreendidos numa só mirada. Seus deslizes, lacunas e desestruturas anunciam algo por vir. São vestígios daquilo que não se consegue acessar num primeiro instante. Uma estrutura assim pensada mescla sonho e realidade em inéditos discursos existenciais. Há que se ter uma peculiaridade metodológica – borogodó – para decifrar o chão de onde partiu e se desenvolveu.

Maurice Blanchot contribui: "(...) Uma frase não se contenta com desenrolar-se de maneira linear; ela se abre; por essa abertura, sobrepõem-se, soltam-se, afastam-se e juntam-se em diferentes níveis de profundidade, outros movimentos de frases (...)". (O livro por vir, 2005, p. 347).

Essa condição do autor pode reapresentar eventos marginais, desconhecidos, esquecidos, em sua estrutura de pensamento. Os inusitados usos da palavra ampliam as fronteiras do que se conhece. Uma expressão utilizada num contexto, quando afastada de suas origens, ao ser ela mesma já é outra.

Escrever é conjurar o vocabulário conhecido noutras direções. Um saber com sabor de terra nova acolhe as mensagens nas garrafas do náufrago. Sua condição, ao ampliar um foco de luz errante, emancipa territórios, significa a linguagem dos recomeços. Sua alternância dos métodos de leitura (analítica, fenomenológica, dialética...) evidencia um conhecimento refém de suas crenças, atribuições, competências. Assim, pode ser legível esse lugar de exceção de onde o texto partiu.

Maurice Blanchot: "(...) A obra exige que o homem que escreve se sacrifique por ela, se torne outro, se torne não um outro com relação ao vivente que ele era, o escritor com seus deveres, suas satisfações e seus interesses, mas que se torne ninguém, o lugar vazio e animado onde ressoa o apelo da obra." (O livro por vir, 2005, p. 316).

O segredo das palavras reside na rasura da página em branco. Quando algo se escreve, atualiza o devir que o legitima, para, logo depois, perseguir novos caminhos. Assim, a perspectiva da literalidade como sentido único, se desconstrói. Seu saber conjuga-se em enredos de realidade substitutiva.

Nesse sentido, os deuses da escritura costumam ser cúmplices no desenvolvimento do espírito. Os achados nas mais diversas fontes de inspiração e estilos literários costumam adicionar ingredientes à vida de cada um. A paixão dominante de ler e escrever alimenta o fogo dos dias, aquece o frio das alturas, desaloja refúgios subjetivos. As rotas para esse encontro, desconstroem a figura do escritor e do leitor exilados em suas páginas.

## Leitor vagamundo

A questão de saber o que seduz um leitor permanece em aberto. O teor de ser singular se insinua na neblina das generalizações. A multiplicação de leituras refere um sabor de caráter irrepetível. De onde vêm essas palavras que tocam algumas pessoas e outras não?

As páginas de um livro oferecem, além do cotidiano das ruas, a oportunidade de viver muitas vidas. O absurdo fenômeno dos dias, revelados num texto, pode recuperar – em suas páginas – eventos esquecidos pelo caminho. Os termos do vocabulário existencial do autor podem conter uma abertura epistemológica ou intuitiva para realidades desconsideradas. Agregar novas expressões e vivências com a leitura integra um exercício de reciprocidade.

Em um texto literário, a calçada por onde o personagem passa nunca é apenas a calçada por onde o personagem passa. Nesse sentido, ao transitar pela interminável biblioteca existencial, folheando suas páginas, descortinando geografias, emancipando um olhar habituado às mesmas coisas, se apresentam novos horizontes ao leitor forasteiro.

Em Fernando Pessoa: "(...) Pertenço, porém, àquela espécie de homens que estão sempre na margem daquilo a que pertencem, nem veem só a multidão de que são, senão também os grandes espaços que há ao lado." (Livro do Desassossego, 2014, p. 40.)

Essa percepção tem habilidades para ajustar as categorias de tempo, lugar e relação, de acordo com uma versão andarilha, evidenciando um papel existencial ao desdobrar-se em território alheio.

A leitura vagamunda só na aparência é solitária, pois convivem com ela múltiplos personagens. Por onde passa, agrega ingredientes que não possuía. Experiencia a estranheza de deixar uma poltrona para reencontrar esse mesmo lugar sendo outro. Vida, morte e renascimento constituem uma sintonia diferenciada na interseção da obra com o leitor protagonista.

Gabriel Perissé compartilha: "Os releitores são os alfabetizados para as entrelinhas. São os que captam o que estava lá, no texto, peixe fugidio, lebre arisca, raio de sol. Na primeira leitura, porém, o peixe apareceu e submergiu, a lebre apareceu e fugiu, o raio apareceu e se ocultou. Foram entrevistos. Entrelidos." (A arte da palavra, 2003, págs. 8 e 9).

O deslocamento por entre textos literários oferece a condição de se vislumbrar aquilo que escapa a quem lê sempre as mesmas coisas. Uma obra assim pensada, embora se utilize de um vocabulário conhecido, se escreve nos desvãos da linguagem comum.

Atitude de excelência ao leitor vagamundo é sua incompletude literária, por onde experiencia um saber com sabor de quero mais. Essa espécie de impertinência livresca e sua aptidão para os excepcionais enredos, modifica seu discurso existencial com os transbordamentos da leitura. Esse convívio pode significar a pedra de toque para uma vida incomum. As páginas de um livro podem conter irrealidades, acenar utopias, realizar sonhos, ser cúmplices do leitor em trânsito pelos seus dias.

# Visitas à biblioteca

Uma biblioteca abriga sempre algo mais do que se pode ver. No imaginário de cada leitor, em sua relação com uma obra, se elabora a magia, o encantamento, por onde eventos extraordinários se descrevem. Os personagens e roteiros ganham vida nas leituras e releituras, atiçando derivações, a criatividade e novas vivências por suas páginas. Seu pano de fundo é a tradução da condição humana em poesia.

Seu endereço existencial reivindica uma sintonia para abrir portas. Trata-se de um abrigo para acolher e cuidar do espetáculo da vida. A chave de acesso pode ser encontrada em uma atividade incomum, direcionada ao autoconhecimento. Seus apontamentos indicam um logos multifacetado, a se integrar nos manuscritos ali protegidos.

Sua geografia refere a interseção das ruas com as narrativas de cada um. Seus personagens e estórias multiplicam as verdades da realidade conhecida. Nessa conjugação de diferentes ângulos de visão, se oferece uma transgressão discursiva.

Nélida Piñon: "Somos quem designa o lugar da aventura, o lugar da crise, o lugar propício para alargar o horizonte da imaginação, o lugar onde o pensamento, quando desafiado, produz respostas para alguns dos nossos questionamentos." (Aprendiz de Homero, 2008, pág, 217).

O inédito encontro do livro com seu leitor ideal acontece ao folhear suas páginas, onde revive nos personagens, cenários, enredos. Com isso, o instante leitura pode realizar sua melhor versão na interseção da pessoa com uma obra.

Os eventos dessa natureza transcrevem realidade e ficção em uma nova compreensão das coisas. Os roteiros compartilhados na escrita, quando em território propício – a singularidade leitora –, produzem uma ressonância excepcional. Seu teor de raridade se traduz em linguagem própria.

Em Jorge Luis Borges: "Creio que Emerson escreveu em algum lugar que uma biblioteca é um tipo de caverna mágica cheia de mortos. E aqueles mortos podem ser ressuscitados, podem ser trazidos de volta à vida quando se abrem as suas páginas." (Esse ofício do verso, 2007, p. 12).

A biblioteca é um refúgio para as memórias do livro. Sua atmosfera acolhe o esboço recém-chegado, um pouco antes e depois ter uma visibilidade compartilhada. Para descobrir esse enredo na floresta dos livros, é preciso encontrar seus rastros em uma busca subjetiva. Nesse silêncio repleto de discursos existenciais se encontram os manuscritos da singularidade.

O lugar abriga a musa da Literatura. Trata-se de um espaço para acolher leitores e escritores, protegendo sua fonte de inspiração. Esse recanto contém sonhos, confidências, devaneios, relatos sobre as poéticas da singularidade. Seu labirinto de paredes, corredores intermináveis, estantes, livros, protegem o que se diz e o que não se diz com as palavras.

# A palavra inventada

O hospício das ruas, semelhante ao hospício das internações involuntárias, oferece fartura de matéria-prima a uma investigação sobre suas origens. A aparência de "sem sentido" das palavras incompreendidas, os discursos existenciais, incompletudes, derivações comportamentais à margem de si mesmos, podem significar um esboço de vida nova.

A busca de mais integridade consigo mesmo pode ter de superar circunstâncias de querer permanecer onde se encontra. Os freios existenciais, quando bem amarrados por tópicos determinantes como pré-juízos, axiologias, emoções e representação de mundo, significam a mordaça ao desenvolvimento de uma singularidade.

João do Rio afirma: "Mas, a quem não fará sonhar a rua ? A sua influência é fatal na palheta dos pintores, na alma dos poetas, no cérebro das multidões (...)". (A alma encantadora das ruas, 2009, p. 50).

Um contato – quase sempre – inesperado com uma situação pode apresentar uma visão diferenciada ao que se tinha como regra geral. Essa língua estranha aprecia se insinuar nas brechas de um cotidiano reconhecido. Ensaia novas referências por algo desarrazoado.

A palavra inventada é testemunha de algo invisível ao olhar de multidão. Nos momentos de transbordamento do vocabulário, sua semiose transita por um sentido comum. Assim, constitui um dialeto próprio, nem sempre acessível pelas expressões reconhecidas. Uma aventura por esse si mesmo em vias de reinvenção pode oferecer rotas alternativas ao que se queria superar.

Virgínia Woolf contribui: "A culpa é das palavras. São as coisas mais indômitas, mais livres, mais irresponsáveis, mais intransmissíveis de todas. Claro, podemos pegá-las, classificá-las e colocá-las em ordem alfabética nos dicionários. Mas as palavras não vivem nos dicionários; elas vivem na mente." (A arte do romance, 2017, p. 125).

Nesse sentido, pode encontrar um abrigo provisório na própria estrutura de pensamento, enquanto se realizam esses rascunhos existenciais. É determinante acolher e dialogar com as contradições de onde se nasce, desconstruindo rótulos para uma expressividade atual.

Uma autogenia atualiza seus rituais na linguagem das ruas, becos, avenidas de si mesmo, endereços subjetivos até então inacessíveis. Imprime seus rastros em alguns pontos desse território singular em vias de mudança. Assim, as vontades até então interditadas experienciam a luz do dia pela invenção das palavras.

# Raridades de Porto Alegre

Nas minhas andanças pelas livrarias de raridades no Centro Histórico de Porto Alegre, encontro, em um cantinho desmerecido, a obra: *De Gide a Sartre* de André Maurois, editada pela Nova Fronteira/RJ, em 1966. A tradução é de Maria Clara Mariani e Fernando Py.

A nota preliminar do autor me fez pensar no fato de que uma extraordinária obra, muitas vezes desconhecida ou subestimada por seus contemporâneos, vem bater à nossa porta como um presente dos deuses literários.

Jorge Luis Borges ensina: "Depois refleti que todas as coisas sempre acontecem precisamente a alguém, precisamente agora. Séculos de séculos e só no presente ocorrem os fatos." (Ficções, 2007, p. 81).

Outro aspecto que chama a atenção é o fato dessa obra ser – originalmente – publicada em 1966 e chegar às minhas mãos somente hoje. Às vezes, tenho a sensação de que algo ou alguém se diverte às nossas custas ...

O apontamento preliminar de André Maurois cuida de uma tentativa para perseguir sua vocação de escritor biográfico, ou seja, o autor refere: "se eu puder ...". Uma leitura atenta e sem pressa pode sentir o cuidado do autor com promessas que talvez não consiga cumprir, tal a incompletude de nossa vida fugaz.

Em dado instante, meu devaneio de leitor aprendiz me leva a imaginar alguns roteiros, sobre a chegada de determinados livros a mãos específicas, num dia qualquer – que nunca é um dia qualquer – levando consigo a informação que precisa. Talvez o ímpeto selvagem de uma obra esteja relacionado a uma leitura incomum, por partilhar com ela, naquele momento, sua estrutura singular – como um terreno propício as suas mensagens.

André Maurois recorda Gide: "(...) gosto apenas do que não está acabado. Um livro pronto dá-me a impressão de uma coisa morta, à qual não se pode mais retocar. Um livro em elaboração tem, para mim, todo o atrativo de um ser vivo." (De Gide a Sartre, 1966, p. 17).

O início da vida como leitor e observador da condição humana, ainda nos tempos de escola, costuma ser refém da preferência literária dos professores, o que pode levar – em muitos casos – a uma aversão ao mundo dos livros. Nesse caso, pode se apresentar uma busca solitária, autodidata, e interminável na direção das bibliotecas e livrarias, seguindo um faro incerto sobre o que não se sabe, mas suspeita existir.

Ter o espírito aberto e uma certa inquietude, aparece como pré-requisito para um convívio investigativo com o universo literário. Alimentar essa condição pode significar o encontro da realidade com sua fonte de inspiração.

## Uma introspecção compartilhada

Um texto pensado para ser objetivo pode – ao se escrever num dialeto próprio – tratar-se de um mergulho na estrutura de pensamento do autor. Em uma página convidativa aos mil motivos, cuida-se para ser o que se quer ser, embora seu rascunho possa oferecer alguns deslizes para superar a ideia inicial.

Ao vasculhar os subúrbios de si mesmo num "aqui-agora" qualquer, é possível revelar-se algo que ficaria como interrogação. Por outro lado, na mesma direção, os vestígios de uma obra costumam deixar suas marcas na alma do leitor, seja como cúmplice de algo indecifrável por inteiro ou como um convite para a própria investigação.

Pode ser uma leitura peculiar, um desses momentos para superar a contradição de ser ou não ser, experienciando em ser e não ser outras facetas da própria estrutura. Quando apreciar obras de consenso literário, por motivos diferentes, é possível uma compreensão sobre o fenômeno humano da singularidade.

Pável Bassínski relata: "(...) Tolstói, que avaliava as pessoas e os acontecimentos não pelo grau de sua própria importância, mas pela repercussão deles em sua alma, pelos sentimentos que despertavam nela." (Tolstói – A fuga do paraíso, 2013, p. 97).

Talvez a percepção de si mesmo, como uma subjetividade em desenvolvimento, pode significar uma convivência aprendiz com seu contexto existencial. Os ecos e ressonâncias desses trânsitos, costumam oferecer uma visão aproximada do sujeito com a realidade de onde partiu.

Uma característica da Literatura é sua aptidão em transformar a vida cotidiana em algo extraordinário. Assim, conjuga real e irreal numa estética de absurdidades. A escritura, assim pensada – dependendo do seu uso –, pode oferecer venenos e contravenenos em suas páginas. Outro aspecto de sua natureza é o fato de desvelar facetas interditadas do fenômeno humano.

Cristovão Tezza compartilha: "(...) não há, de fato, praticamente nenhum escritor de relevância que, de algum modo, no seu tempo, não tenha vivido à margem ou então cultivado um olhar à margem, capaz de ver o que o olhar comum não conseguia ver. (Literatura à margem, 2018, p. 12).

A dissonância entre o que se era e o que se está sendo costuma impulsionar propostas de superação pessoal. Uma intuição desses tópicos – até então desmerecidos – pode se mostrar em indícios de quase nada, colocando a própria razão sob suspeita. Numa aventura literária com a introspecção alheia, através de seus enredos e menções, é possível um convívio de autor e leitor.

O sonho das palavras é um devir que se encontra em todo lugar. Seus roteiros costumam esboçar as formas do impensável. Uma obra que faça sentido ao leitor se assemelha à própria voz diante de si. A cumplicidade com a autoria multiplica as vias de acesso aos seus territórios desmerecidos.

# Apontamentos de lógica descritura

Ao compartilhar alguns esboços dessa ótica, se apresenta um texto redigido a muitas mãos. Sua tez de absurdidade sugere uma resistência a um só ponto de vista. Essa província de inéditos reivindica um contexto para abrigar as múltiplas noções.

Uma crítica sobre a contradição dos seus manuscritos cega para a possibilidade de impulsionar – a partir de um eixo discursivo contraditório – uma reflexão aprendiz com esses novos territórios. Sua essência tem como fundamento um transbordamento pessoal. O convívio com a errância desses momentos desarrazoados amplia as possibilidades da epistemologia em ressoar poéticas de escritura.

A descritura é uma percepção sobre as dialéticas do absurdo, contidas num discurso existencial caótico e impregnado de nuances, derivações. Descrição do fenômeno da vida em meio a um território subjetivo em ação.

Em Friedrich Nietzsche: "A filosofia, assim como a entendi e vivenciei até agora, é a vida espontânea no gelo e nas montanhas mais altas – à procura de tudo que é estranho e duvidoso na existência, de tudo aquilo que até agora foi excomungado pela moral. (...)". (Ecce homo, 2014, p. 17).

Seu discurso existencial acolhe as expressões desmerecidas pela vida comum. Sua pré-condição é a reciprocidade com uma estrutura de pensamento em processo: se reapresenta numa correspondência de normal e anormal, saúde e doença, completude e incompletude narrativa. Mesmo um texto bem elaborado, revisado à exaustão, não se torna definitivo. Sua singularidade descreve as leituras, releituras, desleituras desse convívio com as transgressões pessoais.

A lógica descritura também se diz nas entrelinhas do texto objetivo. Seu teor contém o dito e o não dito, rascunha ideias, devaneios e menções ao transgredir a palavra definitiva. Seus apontamentos dialogam com os subúrbios da estrutura de pensamento. Não há dúvidas de que cada um fala a própria língua, com significados, intencionalidade, e representação singular.

Umberto Eco ensina: "(...) a tendência a fazer com que cada execução da obra nunca coincida com uma definição última dessa obra; cada execução a explica, mas não a esgota, cada execução realiza a obra mas todas são complementares entre si, enfim, cada execução nos dá a obra de maneira completa e satisfatória mas ao mesmo tempo no-la dá incompleta, pois não nos oferece simultaneamente todos os demais resultados com que a obra poderia identificar-se." (Obra aberta, 2005, p. 57).

Seu contexto originário redige um vocabulário dos inconformados. As incongruências e contradições se apresentam como pedra de toque à sua expressividade, como indício daquilo que permanece enquanto muda. Seu aspecto fronteiriço – ao acolher a vertigem do instante – propõe a superação dos próprios limites.

A intencionalidade transbordante anuncia uma singularidade em processo. O espanto e a admiração integram o acolhimento, descrição, e um convívio transformador com as nomenclaturas desconsideradas pela camisa de força da normalidade.

## Literatura e endereço existencial

Existem livros que encontram sua fonte de inspiração na categoria lugar, dando origem a ideias, intuições e percepções aos escritores. Como o texto: "Lugares Mágicos", de Fernando Savater, onde o autor convida a revisitar o fenômeno do endereço existencial e sua relação com a criação: influências, desdobramentos, interseções da pessoa com seus princípios de verdade.

Nessa obra, é possível visitar a Praga de Franz Kafka, a Buenos Aires de Jorge Luis Borges, a Santiago do Chile de Pablo Neruda, a Florença de Dante Alighieri, o México de Octavio Paz ... Esse percurso pela geografia das origens refaz roteiros, emancipa olhares, descreve sensações, atualiza o retrato na parede.

Essa condição em que a vida se abastece de originais convida a revisitar seu ângulo de singularidade. Assim, ao esboçar seu mundo como representação, o escritor compartilha o grau de sintonia com o lugar onde se encontra. Os termos agendados no intelecto oferecem uma leitura sobre as influências do contexto em sua obra.

Fernando Savater refere: "(...) Borges sempre reconheceu que a grande biblioteca da família havia sido o espaço essencial de sua juventude e adolescência." (Lugares mágicos, 2015, p. 44).

Encontrar um refúgio em algum cômodo da casa, como uma biblioteca recheada de livros, pode significar um ensaio ao futuro leitor e escritor. Esse convívio evidencia as origens de uma paixão dominante. Os traços de uma escritura acompanham o desenvolvimento subjetivo de onde partiram, incluindo as vivências da categoria lugar. O pressuposto dos princípios de verdade (cultura) participa como coautoria em um texto literário.

Uma tradução com base na ótica singular se apresenta nos limites de um território. Nesse sentido, pode significar viver a vida no mesmo endereço físico e, daí, seguir em busca de seus roteiros literários.

Fernando Savater recorda Pessoa: "(...) jamais se afastou de Lisboa, além de uns poucos quilômetros. Todas as suas referências literárias, suas paixões, fobias e arrebatamentos estão concentrados nestas ruas, praças e botecos, que conheceu como ninguém." (Lugares mágicos, 2015, p. 108).

Os manuscritos produzidos em determinada época da vida costumam estar impregnados do ambiente onde se escrevem. Os cheiros, sons, cores, a vizinhança onde redigem suas páginas, descrevem os desdobramentos de uma história. Não é raro um escritor sentir-se exilado em determinados papéis existenciais, com repercussões em sua escritura. Nesse contexto, o mundo exterior pode ser substituído por um lugar em si mesmo.

Esse estado de espírito pode mudar com o reencontro de um endereço que o represente. A categoria tempo, num viés subjetivo, aprecia transgredir os ponteiros do relógio, em comum acordo com um endereço existencial. Aqui, considera-se o que se revela nas circunstâncias de um autor redigindo seus dias. As memórias costumam ter um inacabamento característico, talvez para superar as páginas amareladas do velho álbum. Ao mudar o ângulo de visão, algo mais acontece.

## Sobre a fenomenologia da palavra

É possível que estejamos condenados a surgir e desaparecer, seja no bar da esquina, na biblioteca, caídos na calçada ou nas entrelinhas de um texto. Nascer, morrer, renascer fazem parte de um mesmo ato; entre um momento e outro se redige uma escrita de próprio punho, por onde a vida se traduz no ângulo da representação singular.

Um pressuposto para ler seus manuscritos é o caráter de espanto, diante de um evento qualquer. Pressupõe o cuidado para acolher a novidade em vias de mostrar-se. Com isso, é possível evidenciar as facetas de algo inédito ao olhar de primeira vez.

O esboço contido em uma obra costuma compartilhar palavras com vida própria. Sua manifestação surpreende a definição bem comportada do dicionário. Uma intencionalidade assim descrita, ao deslocar a gramática comum, lhe oferece outros sentidos.

A leitura fenomenológica, ao descrever e conjugar outros vestígios, busca conhecer a fonte de onde o texto surgiu. Bem assim, trata-se de reviver o teor da criação literária, agora na perspectiva do leitor.

Em Gaston Bachelard: "(...) O fenomenólogo pode despertar sua consciência poética a partir de mil imagens que dormem nos livros." (A Poética do devaneio, 2001, p. 7).

Com esse viés discursivo tem-se uma poética das páginas diante do olhar. Instante em que autor e leitor se encontram numa leitura. Esses cenários de um roteiro literário podem significar uma vivência protagonista para quem lê e quem escreve.

A originalidade de um vocabulário incomum acena mil verdades, através dos seus episódios. Aqui, reivindica-se uma capacidade de adaptação para percorrer mundos estranhos, experienciar sensações desconhecidas, reescrever sua história. Para explorar a geografia de um sonho é preciso sonhar com ela.

Em Merleau-Ponty: "Não se fará ideia do poder da linguagem enquanto não se tiver reconhecido essa linguagem operante ou constituinte que aparece quando a linguagem constituída, subitamente descentrada e privada de seu equilíbrio, ordena-se de novo para ensinar ao leitor – e mesmo ao autor – o que ele não sabia pensar nem dizer." (A prosa do mundo, 2002, p. 36).

Ao sonhar acordado, é possível acessar discursos existenciais desconsiderados. Por outro lado, na mesma direção, os conteúdos de um livro podem qualificar a escuta, a visão, a percepção desses refúgios, protegidos da excessiva claridade da razão. Quando o autor encontra as palavras que o representem, sua expressão adquire uma integridade singular; nem sempre compreensível, se distante do chão de onde partiu.

Em determinadas obras, ressoa uma sensação de algo mais, além dos manuscritos a preencher suas páginas. As poéticas da singularidade, contidas num texto, oferecem – ainda quando tentam esconder – uma dose generosa de irrealidade. Entre razão e desrazão existe uma pluralidade discursiva onde a Literatura e a clínica encontram sua matéria-prima.

## Onde se esconde o que aparece?

A ideia de uma região inconsciente como algo inacessível por inteiro – e com a qual se trava algum contato por atos falhos, lapsos, e outros mecanismos – ainda encontra seus adeptos. Talvez porque, até então, não se tinha outros recursos metodológicos à atividade terapêutica.

Uma das críticas a essa forma de pensar é a de que o inconsciente, ao ser algo desconhecido, poderia comandar – mesmo quando não se saiba – a vida das pessoas. Em outras palavras, inexistiria um sujeito em sua própria história.

Se reconhece a existência de um território inexplorado na alma humana, o qual se manifesta de um jeito próprio em cada pessoa. Por esse continente, transitaram mentes brilhantes: Mesmer, Charcot, Freud, Anna Freud, Jung, Lacan, Melanie Klein ... Talvez a impossibilidade de um mapeamento subjetivo universal limite a percepção de que a natureza desse lugar (definido como inconsciente) se apresente pela singularidade.

Esse esboço trata das possibilidades de emancipação da pessoa como titular dos seus dias. Para filósofos existencialistas, como Jean-Paul Sartre e Simone de Beauvoir, inexiste uma essência *a priori* ao aparecimento e desdobramentos da vida. O que se escreve com a biografia de cada um é o devir de uma singularidade. Com essa escola, se aprende que a essência é consequência da existência.

Por outro lado, na mesma direção, a investigação prossegue. John Searle, em suas obras – especificamente: *Intencionalidade* e *A Redescoberta da Mente* – amplia a busca de superar a ilusão de um inconsciente. Seus textos demonstram que as ideias, escolhas e atitudes estão relacionadas com a circunstância de cada um, inseridas num projeto em andamento. Isso se realiza através de um filtro, por onde a expressividade encontra os ingredientes existenciais de que necessita.

A intencionalidade se assemelha a uma bússola, para orientar a relação da pessoa com ela mesma e seu mundo. Não como algo distante de si, mas integrante de sua estrutura de pensamento. A cada novo episódio, podem surgir pontos de vista, até então desconsiderados ao sujeito de sua história, ressignificando modos de pensar, agir, existir.

Quando inovadoras, as rotas oferecidas pela intencionalidade associam tópicos estruturais, até então à margem do centro das atenções. Uma dialética subjetiva reivindica a compreensão dos seus jogos de linguagem, num convite à sua fonte de originais. Em um fenômeno humano multifacetado, trata-se de acolher, descrever, compartilhar o que se diz naquilo que se manifesta.

# Sobre leitura clínica e Literatura

O papel existencial do filósofo clínico se traduz em uma atividade multifacetada. Seu ângulo de visão em reciprocidade acolhe os relatos oferecidos pela historicidade do partilhante na hora-sessão.

Na fase preliminar de seu trabalho, o filósofo trata de qualificar sua leitura clínica. Além dos recursos da fenomenologia, se associam outros fundamentos para ajustar a interseção com o partilhante e desenvolver a terapia, como analítica da linguagem, estruturalismo, hermenêutica filosófica – para se ter uma ideia da estrutura de pensamento em ação.

Um estudo a partir do discurso existencial da pessoa se assemelha à leitura de um livro. Ao se traduzir em linguagem própria, reivindica uma aproximação com as páginas do seu diário.

Machado de Assis diz assim: "É como um companheiro da mesma oficina que eu leio os versos do poeta e indico as minhas impressões. (...)" (Crítica literária, 1957, p. 37).

Nos estudos da formação, se apresenta uma dificuldade significativa ao filósofo aprendiz, ou seja, a percepção de sua própria estrutura de pensamento em relação à estrutura de pensamento do partilhante. A abordagem da Filosofia Clínica reivindica um terapeuta – com borogodó – capaz de ajustar-se aos desdobramentos existenciais do outro sob seus cuidados, numa sintonia com sua ação subjetiva.

Uma interseção de Filosofia Clínica e Literatura se elabora pelo pressuposto da não tipologia, não classificação de uma narrativa singular. Uma leitura dessa natureza costuma revelar algo mais a respeito da autoria, mesmo quando inserida em contextos de personagem.

Ivan Junqueira contribui: "(...) Lêdo Ivo deve ser compreendido, também, à luz do excesso, de uma prestidigitação retórica e de uma linguagem encantatória, que são apenas e singularmente suas. Se não o fizermos, consideráveis segmentos de sua vasta e polifônica produção poética correm o risco de permanecerem indecifrados (...)". (Cinzas do espólio, 2009, p. 87).

Ao filósofo clínico – eterno aprendiz – cabe lidar com a imprevisível ótica do que vai aparecendo em terapia. Ao partilhante compete um reencontro consigo mesmo pela reescrita dos seus dias. Assim, a atividade clínica do filósofo lembra um artesanato existencial.

Nesse sentido, se apresenta uma conjugação de leituras e releituras sobre o fenômeno da singularidade. Trata-se de um esboço sobre as crônicas do cotidiano e outros apontamentos; textos com indícios significativos sobre a estrutura de pensamento incomum. Na escrita de uma obra, ao descrever seu contexto existencial, revela-se a mão que a redige.

Não é raro a leitura ou releitura de um texto literário oferecer um vislumbre de algo novo. Refere um transbordamento para ser mais do que se é no instante leitura. Existem tantas nuances em uma obra quantas são as possibilidades de suas páginas. Essa interseção pode instigar, acolher, traduzir indícios de algo mais além do que se sabia.

A releitura de uma obra aprecia oferecer um olhar diferenciado, uma nova percepção das coisas. Ao ser acessada em determinada época, evidencia onde o leitor estava, e onde se encontra ora em revisita àquelas páginas. Nesse caso, pode ser uma convivência aprendiz, com aquilo – até então – desconsiderado e significar a atualização do discurso existencial para o leitor.

Gilles Deleuze auxilia: "(...) O trajeto se confunde não só com a subjetividade dos que percorrem um meio, mas com a subjetividade do próprio meio, uma vez que este se reflete naqueles que o percorrem." (Crítica e clínica, 2004, p. 73).

Os tópicos da estrutura de pensamento – quando determinantes – possuem intensa atividade, muitas vezes refugiada em jogos de cena, voltados à manutenção de um funcionamento socialmente aceito. Essa região – nem sempre acessível ao primeiro olhar – tem linguagem própria e reivindica um dialogar investigativo para se mostrar. Um sinal dessa espécie, quando destacado na hora leitura, pode significar um novo rumo ao que se tinha desistido de viver. Assim, o livro pode detectar momentos de estorvo ou auxílio a cada um.

Ao conter distorções do ser si mesmo, o cotidiano também oferece pistas para se sair dessa circunstância adversa. É o caso dos leitores em atitude com seus livros, onde têm um acolhimento para experienciar outras realidades. Nesse sentido, o texto literário pode se traduzir como um reencontro consigo mesmo.

Em Deleuze: "(...) É como se alguns caminhos virtuais se colassem ao caminho real, que, assim, recebe deles novos traçados, novas trajetórias. Um mapa de virtualidades, traçado pela arte, se superpõe ao mapa real cujos percursos ela transforma." (Crítica e clínica, 2004, 79).

A interseção da Literatura com um devir existencial pode oferecer rotas ao que parecia inacessível. Suas páginas podem localizar margens significativas de uma estrutura de pensamento em vias de elaboração pessoal. Um desses achados com as páginas de um livro ocorre nas sugestões e vivências em reciprocidade com personagens, situando a leitura em um diálogo com uma singularidade em processo.

# Filosofia clínica e discurso existencial[1]

## Resumo

O texto oferece uma propedêutica sobre a nova abordagem terapêutica da Filosofia Clínica em relação à violência da internação involuntária e suas práticas ideologizadas pela família, Psiquiatria, Poder Judiciário, e coadjuvantes institucionais – um esboço crítico-reflexivo sobre o fenômeno da singularidade exilada em cada pessoa. Apresenta como proposta, um acolhimento diferenciado, libertário – em contradição com as lógicas da coerção, alienação e desconstrução do ser sujeito. Sua busca é de superação aos protocolos da camisa de força da normalidade.

A abordagem do novo paradigma busca transcrever esse endereço existencial – caso a caso – que se desenvolve a margem da vida instituída, como um fenômeno de sua microfísica de poder. A linguagem por onde insinuam suas verdades utiliza um vocabulário em rituais de autoproteção. Sua expressividade se associa em dialetos próprios, sugerindo, frente às ameaças de seu tempo, uma incerta felicidade clandestina. Trata-se de uma aproximação com o tema da violência e seus disfarces na sociedade. Sua representação se dissemina na estrutura social para estabelecer e direcionar vontades.

Para decifrar uma realidade assim descrita, não basta conhecer as leis, normas, decretos oficiais. Há que se conviver com o contexto social desmerecido, aprender o dicionário das margens, onde as pessoas exercitam seus dias. Traduzir suas ori-

[1] Texto publicado na Revista Sílex – edição n. 12 – novembro/2022. Universidad Antonio Ruiz de Montoya. Lima/Peru.

gens e conviver em reciprocidade com a fonte de suas verdades. Ao localizar as causas dos desajustes e o lugar de sua produção, pode ser possível qualificar discursos existenciais de resistência e transformação.

A pretexto da coesão social, uma heteronomia se estabelece como saber poder institucional. Sob essa rubrica se oferece um fundamento as lógicas da exclusão. As pronúncias da singularidade, irreconhecíveis ao primeiro olhar, se veem proscritas pela coerção de sua expressividade. Sua abordagem, ao desmerecer a pluralidade existencial, amplia a dissimulação ideológica para sustentar as liturgias da interdição. As drogas que prescrevem estimulam o desajuste e a dependência, tratam de conter as originalidades em desenvolvimento, convertendo-as, a qualquer custo, a razão instituída. Em alguns casos ainda se faz o jogo social, tendo a introspecção como refúgio e fonte de inspiração para resistir.

Os atestados da vida normal nem sempre contemplam a vida como ela é. No caso da bíblia DSM (Manual de diagnóstico e estatística de transtornos mentais da Associação Americana de Psiquiatria) a regra é generalizar e submeter comportamentos. Sua resultante é uma pretensa normalidade, ou seja, pessoa nenhuma! Um meio assim constituído oferece ao sujeito um espelho distorcido, irreconhecível ao próprio olhar. Diagnósticos e prognósticos encontram, na caneta alienista, a receita para uma vida sem contradições.

Ao catalogar a errância desses momentos de transição como patologia, em um meio social alienado, se destaca a opção dos psicofármacos. Essa gestão se realiza de comum acordo com a família, sistema judiciário e a estrutura asilar, os quais encontram na medicina psiquiátrica a cumplicidade para manutenção de suas máximas. Michel Foucault ensina, em sua obra *O nascimento da clínica*", que conceitos como cura x loucura, saúde x doença, normal x patológico são políticos. Nesse sentido, se prestam para manter uma aparência de integridade comunitária. Sua tez de invisibilidade (ideológica) tem a propriedade dos crimes consentidos; ainda assim, deixam vestígios de suas intervenções.

Em David Cooper: "A intervenção psiquiátrica leva a cabo, efetivamente, uma fragmentação da união paradoxal da loucura: primeiro, a alegria é destruída pelo tratamento e, depois, até o desespero é aniquilado, deixando o 'bom resultado' ótimo da Psiquiatria: pessoa nenhuma." (A linguagem da loucura, 1978, p. 41).

Numa proposta dessa natureza, inexiste a reflexão de que a razão que desqualifica a desrazão é a mesma que a legitima. O hospital psiquiátrico e o alienista, com suas técnicas de submissão, adestramento e controle, oferecem os rituais para a normalização social. A violência dessas práticas propõe amordaçar singularidades em busca de emancipação pessoal.

A medicina psiquiátrica possui íntima relação com o critério da produtividade econômica, ou seja, quando o paciente se reintegra a uma ocupação, está curado para o mercado de trabalho. Dessa forma, integra-se as lógicas do consumo desenfreado, se reinserindo ao espírito de rebanho, anestesiando os conflitos a golpes do cartão de crédito. Assim, submetem as relações humanas a objetos de compra e venda.

As justificativas para essa intervenção encontram sua base na estrutura social, de onde podem discriminar, provisória ou definitivamente a condição de uma pessoa ou grupo. O inaudito dessa percepção aparece nas fissuras e brechas do cotidiano. As relações profissionais, a convivência familiar, os amigos e colegas, expõem a face sutil das lógicas da exclusão. Através dos múltiplos meios à sua disposição, uma cultura institucional é apta a desacreditar um sujeito, desconstruindo seu modo de ser e conviver. Ao submetê-lo aos protocolos da vida normal, lhe concede um atestado de saúde mental. Dessa forma, se traduz uma sensação de ser protagonista numa história que não lhe pertence.

A violência objetivada pela internação involuntária, sustentada pela medicina da Psiquiatria, encontra sua melhor representação nas tipologias e classificações. Conceito subjetivo e de caráter ideológico, sem base em exames de laboratório, coloca sob suspeita, quase tudo que esteja em desconformidade com um contexto. Sua epistemologia contribui com os lucros da indústria de psicofármacos e seus acionistas.

Em um meio assim descrito, ao entender as crises de ressignificação existencial como loucura, se destitui alguém de sua singularidade em processo. Ao redigir um estatuto de incompetência, inaugura-se a província dos excluídos para reverenciar ao deus remédio. A partir daí, com sua subjetividade violentada, a pessoa será vigiada, terá de reaprender a se portar, acatar decisões sobre o que pensar e o que não pensar, fazer e não fazer, em quem acreditar ...

Thomas Sazsz refere: "A hospitalização psiquiátrica tem a vantagem de lograr o mesmo resultado que o homicídio, mas sem deixar cadáver; o controle do produto assim criado, apropriadamente designado por 'morto-vivo', justifica-se facilmente, além do mais, mediante o recurso a sua propriedade característica: a loucura". (Esquizofrenia – o símbolo sagrado da Psiquiatria, 1978, p. 151).

Os papéis existenciais da clausura e da coerção das expressividades, se estruturam de acordo com as vontades e representações de um determinado período histórico. Sua heteronomia estabelece regras de sustentação ao status quo. Para visualizar sua ideologia é preciso um método diferenciado, apto a localizar, nas entrelinhas do dia a dia, os desdobramentos para sua manutenção. Esse saber-poder se utiliza de diagnósticos e prognósticos, para identificação e controle de condutas inapropriadas. Seus protocolos distorcem o fenômeno singular para subjugar vontades.

No Brasil, no período entre 1930 e 1980, na cidade de Barbacena, no estado de Minas Gerais, aconteceu o "holocausto brasileiro", com a prisão e extermínio de cerca de 60 mil pessoas. Em um conglomerado psiquiátrico, as pessoas eram internadas por vários motivos: ter adversários políticos, ser prostituta, homossexual, alcoólatra, morador de rua... Uma expressão que ficou conhecida nessa época foi "trem de doido", em razão de um trem que partia da Bahia e recolhia as pessoas indesejadas pelo trajeto, desembarcando na estrutura manicomial de Barbacena. Existe uma obra intitulada *Holocausto brasileiro*, da Editora Geração (SP), publicada em 2013, pela jornalista Daniela Arbex, que descreve os fatos.

A alcunha de ciência aos métodos de manipulação e aniquilação da pessoa encontra, na ideologia política, uma aliada para sustentar suas práticas. Veja-se o caso da esquizofrenia, uma tipologia onde é possível incluir desvios comportamentais de quase todo mundo. Qualquer um, dependendo de onde se encontra, em razão de suas ideias ou atitudes, pode ter um rótulo dessa espécie como sentença diagnóstica e discriminação.

Uma consequência imediata é a perda da condição de sujeito de sua história, para se tornar refém da farmácia psiquiátrica. É comum a pessoa-objeto assumir um diagnóstico para si mesma, se apresentando como: "Bom dia! Eu sou esquizofrênico", "Boa tarde! Eu sou depressivo", "Boa noite! Eu sou neurótico"...; a partir de então, serão doentes mentais!

Thomas Szasz ensina: "(...) Como Bleuler tampouco descobriu qualquer doença nova nem desenvolveu qualquer novo tratamento, sua fama assenta, em minha opinião, no fato de ter inventado uma nova doença e, através dela, uma nova justificativa para se considerar o psiquiatra um médico, o esquizofrênico um paciente e a prisão em que aquele confina este um hospital." (Esquizofrenia – o símbolo sagrado da Psiquiatria, 1978, p. 25).

Após desqualificar o discurso existencial de uma pessoa, o tratamento oferecido é a camisa de força institucional. Essa realidade integra a doutrina para a fabricação da loucura. Seus primórdios podem ser encontrados nas faculdades de Medicina e especialização em Psiquiatria, de onde jovens sem senso crítico e reflexivo reproduzem na sociedade o que aprenderam nos bancos escolares; assim, a hipocrisia social encontra seus aliados.

Nesse sentido, as reviravoltas na vida de uma pessoa costumam restar incompreendidas. Refém de uma hermenêutica interpretativa – por onde se impõe a narrativa psiquiátrica – e distante de sua melhor condição de equilíbrio, resta ao sujeito encontrar um refúgio nalgum ponto de sua subjetividade.

Para superar os dogmas assim descritos não basta ter boa vontade. Sua influência se manifesta em todos os recantos da sociedade. Para enfrentar essa realidade, reivindica-se uma competência e metodologia diferenciada, pois aqueles tratam de proteger seu território. Sua ideologia se traduz no direcionamento de verbas para pesquisa, vigilância e censura das publicações, restrições às novas ideias. Para sustentar seu ponto de vista, suas práticas encobrem as verdadeiras intenções.

Évelyne Grossman diz assim: "Artaud vislumbra o braço armado de uma sociedade pronta a defender pela força 'a saúde de um mundo de deformados'." (Prólogo de Van Gogh – o suicida da sociedade, 2007, p. 16).

O tratamento de uma pessoa com técnicas – camisa de força, overdose de medicação, choque elétrico, lobotomias – é o protocolo nos hospitais psiquiátricos. Dessa forma, se diz a alguém em ensaios de ressignificação existencial, sobre seu equívoco de contradizer o mundo estabelecido: a partir de agora, deverá aceitar o estereótipo de doente mental. Essa prática se mantém, apesar das novas abordagens e análise crítica sobre suas distorções.

Ao desmerecer os novos paradigmas, que poderiam oferecer alternativas de cuidado e atenção à vida, tendo como pressuposto o viés da singularidade, os asilos psiquiátricos se transformaram em campos de concentração e consumo de drogas legalizadas. Seus rituais de isolamento, domesticação e produção de zumbis, castram a possibilidade de emancipação pessoal, catalogando crises de travessia como algo a ser contido a qualquer preço. Essa prática integra os meios para manutenção de um espírito alienado. Ao significar a desrazão como doença, e não como uma possibilidade criativa ou de resistência a um mundo que a oprime, se justifica a internação involuntária e os tratamentos de conversão à velha ordem.

As escolas tradicionais, ao ter como imperativo uma cura para a loucura, desmerecem a percepção sobre os direcionamentos do olhar alienista, o qual produz aquilo a que se propõe tratar. Divulgam, ainda, como origem dos desequilíbrios as questões orgânicas, não enxergando que tratam consequência como causa. Dessa forma, se tornam cúmplices para manter o que a pessoa busca – muitas vezes, desesperadamente – superar. A prática de consultório demonstra que alguns profissionais dessa área costumam levar um tempo para perceber os limites de sua metodologia; inclusive buscando na Psicanálise, Homeopatia, Florais, Acupuntura, Filosofia Clínica, conhecimentos para qualificar sua atividade profissional.

A abordagem terapêutica inovadora, ao oferecer um acolhimento diferenciado, estabelece uma contradição com a lógica do hospício. Sua percepção aprendiz busca compreender e interagir com o sujeito em seu ambiente subjetivo, revelando inéditos caminhos na relação de ajuda e cuidado. Nesse sentido, o novo paradigma da Filosofia Clínica, ao abordar o fenômeno da singularidade, se apresenta como um paradoxo à internação involuntária e desconstituição do ser sujeito.

Michel Foucault contribui: "No fundo da prática científica existe um discurso que diz: 'nem tudo é verdadeiro; mas em todo lugar e a todo momento existe uma verdade a ser dita e a ser vista, uma verdade talvez adormecida, mas que, no entanto, está somente à espera de nosso olhar para aparecer, à espera de nossa mão para ser desvelada. A nós, cabe achar a boa perspectiva, o ângulo correto, os instrumentos necessários, pois de qualquer maneira ela está presente aqui e em todo lugar"." (Microfísica do Poder, 1990, p. 113).

A observação reflexiva e compartilhada sobre o funcionamento dessas estruturas pode contribuir para identificar os antídotos à sua reinvenção. No entanto, a base para essa abordagem seria um acesso à educação de qualidade, socialização dos meios de produção da realidade, identificação e respeito aos novos modelos, efetivação de diálogos inter e transdisciplinares – aproximar os achados da pesquisa teórico-prática com o discurso existencial das ruas.

Por outro lado, tendo como ponto de partida a contradição com a ciência normal, o pensador dos novos paradigmas ensaia uma percepção inédita sobre determinado campo de trabalho. As crises em seu cotidiano podem conter rastros de vida nova para seus estudos. Em um ambiente de abertura institucional, é possível a investigação dialogada com o viés extraordinário.

Em Fritjof Capra: "(...) essa exploração os colocou em contato com uma estranha e inesperada realidade, que estilhaçou os alicerces da sua visão de mundo e os forçou a pensar de maneira inteiramente nova." (Sabedoria Incomum, 1988, p. 13).

Talvez, por desconhecer os limites da nova área de atuação, ao experienciar uma liberdade nem sempre oferecida aos integrantes do antigo modelo, esses pensadores desenvolvam uma atitude inovadora frente às problemáticas de aspecto insolúvel. Sua fonte de inspiração é a admiração filosófica, uma abertura epistemológica para identificar e transcrever a geografia dos inéditos territórios. Seu acolhimento dos fenômenos, até então interditados, oferece uma via de reflexão compartilhada, para traduzir a estrutura de seus segredos.

A concepção dos novos paradigmas acolhe as críticas como um fundamento ao seu trabalho. No entanto, para descrever seus eventos de anúncio, reivindica-se uma espécie diferenciada de gente. Trata-se de singularidades com aptidão para a interseção com os fenômenos incomuns. Sua abordagem utiliza as anomalias e restrições do antigo modelo, como matéria-prima para traduzir rastros de originalidade.

Thomas Kuhn compartilha: "(...) os cientistas falam frequentemente de 'vendas que caem dos olhos' ou de uma 'iluminação repentina' que 'inunda' um quebra-cabeça que antes era obscuro, possibilitando que seus componentes sejam vistos de uma nova maneira (...)". (A estrutura das revoluções científicas, 2013, p. 215).

Seja oferecendo um olhar inédito sobre velhas questões ou emancipando aspectos até então desconsiderados; o pensador desenvolve seus estudos em um novo território. Thomas Kuhn é um desses casos, com seu início de carreira como físico teórico. Posteriormente, se interessa por História e Filosofia, compartilhando suas reflexões na obra: *A estrutura das revoluções científicas*. Lucio Packter é outro exemplo: um jovem médico, inconformado com as respostas da Medicina ao sofrimento humano, desenvolve a Filosofia Clínica.

Em uma busca pela autonomia discursiva e um convívio com as lógicas da diferença, é possível acolher o ser forasteiro para superar as definições conhecidas, as quais, muitas vezes, prosperam com a violência derivada das suas convicções. Um antídoto para essa realidade pode ser a dialética dos processos existenciais, aptos a dialogar em reciprocidade com outros pontos de vista.

Para Hans-Georg Gadamer: "O verdadeiro problema da compreensão aparece quando, no esforço de compreender um conteúdo, coloca-se a pergunta reflexiva de como o outro chegou à sua opinião. Pois é evidente que um questionamento como este anuncia uma forma de alteridade bem diferente, e significa em último caso, a renúncia a um sentido comum." (Verdade e método – Traços fundamentais de uma hermenêutica filosófica, 1997, p. 283).

A hermenêutica compreensiva integra a fundamentação do novo paradigma da Filosofia Clínica, por onde se busca conhecer a perspectiva de uma condição singular. Sua contradição com as lógicas da exclusão, tipologias, internações involuntárias, elabora um acolhimento e cuidados a partir das próprias crises desconstrutivas.

Nesse sentido, a nova abordagem desconstrói a visão "a priori" da classificação psiquiátrica. Não se trata mais de caracterizar posturas dissonantes como loucura, síndrome, desatino. Cuida-se do fenômeno humano pela via da interseção e construção compartilhada, de onde surgem os procedimentos específicos à sua realidade em processo.

Ao entender a confusão como uma patologia, a Psiquiatria e seus coadjuvantes retiram da pessoa a possibilidade de ser sujeito em sua história, transformando-a em refém da camisa de força institucional. Assim, a coação diagnóstica e prognóstica do alienista encontra um objeto para justificar sua existência.

Jean-Paul Sartre afirmou: "Certo é que o absurdo não está no homem nem no mundo, se os tomamos separadamente; mas, como é o caráter essencial do homem o 'estar-no-mundo', o absurdo é, em suma, unitário com a condição humana. (...) O estrangeiro que ele quer pintar é justamente um desses terríveis inocentes que constituem o escândalo de uma sociedade porque lhe não aceitam as regras do jogo." (O estrangeiro, 1990, prefácio).

Os tratamentos oferecidos pela internação involuntária e psicofármacos já se deparam com uma ameaça ao seu saber-poder. A subversão encontra nessas práticas da exclusão a matéria-prima para sua desativação. Num convívio ainda marginal, as iniciativas diferenciadas de cuidado e atenção à vida apresentam possibilidades ao cotidiano dos atendimentos. Um avanço tímido, em nosso país, ocorreu com a abertura dos hospitais-dia e as residências terapêuticas, os quais oferecem atividades alternativas, ainda assim, reverenciando o deus remédio.

A Filosofia Clínica e alguns setores da Psicanálise, ao não possuir uma profissão institucionalizada, exercitam sua liberdade de estudos e atendimentos. Sua contribuição à qualidade de vida das pessoas pode ser percebida na voz e vez de quem vivenciou sua terapia.

Em nosso país, a partir dos anos 1990, com a abertura do Instituto Packter (homenagem a Bernardo Packter) na cidade de Porto Alegre (extremo Sul do Brasil), surgia um método terapêutico para interagir com o fenômeno humano. Nessa época, Lúcio Packter compartilha suas ideias com as primeiras turmas na capital gaúcha. Assim, surgiam os desafios iniciais: a crítica vinha de alguns professores de Filosofia. Era visível o desconforto causado pela Filosofia Clínica, pois desalojava algumas zonas de acomodação profissional.

Ao ampliar os papéis existenciais da Filosofia, até então direcionados à sala de aula e pesquisa acadêmica, o novo método contribuiu para recolocar a disciplina em destaque, oferecendo opções, como consultoria e clínica. O movimento de contrariedade ao novo paradigma também envolveu alguns setores da área Psi, possivelmente por se sentirem ameaçados. Ainda hoje, se ouve expressões para desqualificar sua metodologia: "cuidados paliativos", "terapia alternativa', "pseudociência", "charlatanismo", "xamanismo".

Esses comentários serviram para testar, ainda nos anos 1990, a fundamentação teórico-prática da Filosofia Clínica. Nesse período, apareciam pessoas em busca de cuidados singularizados. Seu constructo metodológico, ao ter uma base na historicidade de cada um, compartilhada nos exames categoriais, evidencia um caminho para acessar a medicação contida em sua farmácia interior. Depois, a estrutura de pensamento qualifica a identificação dos choques predominantes. Após, poderá oferecer procedimentos com a matéria-prima desse contexto específico.

Lúcio Packter, na Propedêutica: "A primeira lição fundamental na Filosofia Clínica é que aquilo que uma pessoa sente, vive, afirma, imagina, faz – isso é assim para ela –, independente de ser compartilhado com as outras pessoas, de ser aceito, criticado, ironizado, proibido e assim por diante. Cada pessoa é 'a medida de todas as coisas' (...) Por isso, cada pessoa sente um beijo carinhoso, o aroma do café, o vento nos cabelos, a leitura de um poema (...), cada pessoa vive cada coisa de um modo único, e é ela quem saberá o prazer ou o não prazer do que está vivendo, pois cabe a ela mensurar o que vive, somente a ela... mesmo que adote as mesmas medidas de mensuração de uma outra pessoa. (Filosofia Clínica – Propedêutica, 1997, p. 16).

A nova abordagem terapêutica possui fundamentação teórica na Filosofia: fenomenologia, analítica da linguagem, hermenêutica compreensiva, representação de mundo. A fundamentação prática reside nos atendimentos de consultório. Sua lógica se adapta às necessidades de cada pessoa, não propõe aconselhar ou corrigir discursos existenciais; trata de acolher e cuidar do fenômeno humano diante de si, localizando os choques estruturais significativos, para atuar em sua desconstrução.

Um aspecto significativo da Filosofia Clínica, ao ter luz própria, é a não submissão ao manual DSM (diagnóstico e estatística de transtornos mentais). Suas traduções compartilhadas, ao ser um antídoto à lógica psiquiátrica, oferecem um ambiente propício para reescrever a vida das pessoas. O filósofo clínico, inicialmente, trata de acolher e reconhecer as vias de acesso ao território partilhante (alguém que compartilha uma atividade clínica), aprendendo sobre sua natureza e possibilidades. Com o papel existencial cuidador, é possível identificar os deslocamentos intelectivos e descrever seu funcionamento, ajustando as intervenções ao universo singular diante de si.

Em Ludwig Wittgenstein: "O significado de uma palavra é seu uso na linguagem." (...) "A expressão 'jogo de linguagem' deve salientar, aqui, que falar uma língua é parte de uma atividade ou de uma forma de vida." (Investigações filosóficas, 1996, págs. 38 e 27).

O pensador refere um processo de libertação dos termos de significado único, ou seja, quem confere validade para uma expressão é o sujeito em seu próprio vocabulário. Alerta para o cuidado que se deve ter ao conhecer uma pessoa, observando os seus jogos de linguagem e o sentido que concede as suas palavras. Ao filósofo clínico compete qualificar a leitura das circunstâncias do partilhante, em uma interseção aprendiz com seu devir existencial.

Para acessar relatos assim descritos, existem critérios, como a redução fenomenológica, dado padrão, dado literal, dado atual. Com a suspensão provisória dos juízos (epoché), o filósofo busca uma percepção da percepção, estabelecendo um chão para a atividade clínica. A aproximação com o território partilhante acontece numa relação diferenciada. A partir dos relatos da sua história de vida, compartilha as nuances de sua estrutura de pensamento em processo.

Cabe ao filósofo clínico conhecer o mundo da pessoa sob seus cuidados. Dessa forma, será possível encontrar a farmácia subjetiva e os remédios existenciais nela contidos. A essência dessa abordagem terapêutica é um acolhimento compreensivo da singularidade, o qual se associa às demais intervenções, nesses tempos de caos transformador.

Arthur Schopenhauer indica: "(...) segue-se que, um único sujeito, mais o objeto, chegariam para constituir o mundo considerado como representação, tão completamente como os milhões de sujeitos que existem; mas, se este único sujeito que percebe desaparecer, ao mesmo tempo, o mundo concebido como representação desaparecerá também. (...)" (O mundo como vontade e representação, 2001, p. 11).

Os eventos de transição entre uma realidade e outra afeta cada pessoa de um jeito próprio. Nessa etapa, ao conhecer sua origem, desdobramentos e possibilidades, se apresenta uma matéria-prima específica as intervenções da clínica filosófica. Uma consequência imediata desses instantes de desestruturação é sua contradição com o meio onde se encontra. Num contexto assim descrito, ao não ter um lugar para se expressar, pressente sua condição ameaçada. Os demais integrantes lhe oferecem uma correção discursiva, para readequar sua atividade dissidente. Caso persista a divergência, não é raro se oferecer a clausura e o exílio como um patinho feio da comunidade.

Nesse sentido, o consultório do filósofo é um espaço para se experienciar devaneios, ideias, projetos em busca de uma melhor referência para se viver. Sua abordagem propõe qualificar a interseção com os ensaios de reinvenção, oferecendo um ambiente seguro para as experimentações do partilhante.

Jorge Luis Borges contribui: "(...) Alfred North Whitehead escreveu que, entre as muitas falácias, há a falácia do dicionário perfeito – a falácia de pensar que, para cada percepção dos sentidos, para cada asserção, para cada ideia abstrata, pode-se encontrar um equivalente, um símbolo exato no dicionário. (...) Quando penso em amigos meus tão caros como Dom Quixote, o Sr. Pickwick, o Sr. Sherlock Holmes, o Dr. Watson, Huckleberry Finn, Peer Gynt ... não estou certo se tenho muito mais amigos (...)." (Esse ofício do verso, 2007, págs. 86 e 99).

Nem todos encontram meios (semiose) para transcrever sua dialética existencial. No caso do autor argentino, é possível cogitar sobre o papel determinante da Literatura em sua vida. Ainda assim, para referendar as indicações de sua obra, teríamos de consultá-lo sobre nossa suspeita. Ao sujeito em momentos de transição é comum exercitar uma linguagem própria, recheada de incompletudes e desestruturação, nem sempre conhecível ao primeiro olhar. Cabe ao filósofo clínico conhecer essas narrativas diante de si, tendo como base o próprio dicionário de cada um.

É possível ser o caráter ideológico (sentido de ocultação, invisibilidade) da sociedade uma das causas mais significativas da violência. Sua manipulação institui um jogo social maquiado de boas intenções. As lógicas de opressão e controle, ao privilegiarem um espírito de multidão, distanciam-se do fenômeno da singularidade. Sua proposta trata de submeter e acomodar as lógicas da diferença, condicionando o sujeito a protocolos que não o representam.

A reciprocidade, por onde acontece uma visita autorizada a um endereço subjetivo, precisa respeitar os pressupostos de sua realidade em movimento. A partir de uma abordagem diferenciada (uma terapia para cada pessoa), não violenta, libertária, é possível contribuir com seu processo existencial em dias de repensar sua vida.

Nesse sentido, se distancia das nomenclaturas a priori, especialidades, leituras e experiências prévias, recheadas de verdades, as quais, distanciam o fazer clínico da pessoa diante de si. Desautorizar alguém ou uma cultura por sua expressividade, valores, crenças, ideias, com internação involuntária, tratamentos de choque, interdição judicial, oferece como resultante a alienação da pessoa consigo mesma – a partir de então, refém da lógica dos psicofármacos.

Ernst Cassirer indica: "Para determinar com precisão o caráter específico de toda e qualquer forma de espírito, faz-se necessário, antes de tudo, medi-la pelos seus próprios padrões. Os critérios segundo os quais ela é avaliada e que norteiam a apreciação de suas produções não lhe devem ser impostos de fora, sendo, ao invés, indispensáveis que derivemos estes critérios das próprias leis básicas que determinam as suas formações." (A filosofia das formas simbólicas – a linguagem, 2001, p. 173).

Um fenômeno assim descrito, reivindica uma interseção peculiar com seus eventos existenciais. Na fase preliminar da sua exposição, a escuta fenomenológica e a decifração dos jogos de linguagem concedem voz e vez ao partilhante.

A metodologia da Filosofia Clínica encontra sua base teórica na Filosofia. Não trabalha com classificações e tipologias, não aprisiona pessoas em hospitais psiquiátricos, por serem esquisitos, absurdos, estranhos, dissonantes. Trata de cuidar da ressignificação existencial de cada um; acolher devaneios, raciocínios, desatinos, como instantes de um processo transformador – não uma enfermidade.

Para isso, conta – dentre outros aspectos – com os exames categoriais, onde acontece uma interseção aprendiz com o sujeito partilhante, para localizar as origens e possibilidades desconstrutivas das suas dores existenciais. Após esse momento, a estrutura de pensamento (mapa subjetivo) e os submodos (procedimentos clínicos), se associam ao papel existencial do filósofo clínico. Trata-se de vislumbrar a pessoa como um fenômeno irrepetível; dessa forma, a natureza das intervenções, desde a fase inicial até a alta compartilhada, deverá se adaptar ao seu jeito de ser e existir.

Através da história de vida circunstanciada, contada na versão partilhante, é possível decodificar a malha intelectiva (estrutura de pensamento), de onde se oferece a matéria-prima para o entendimento do seu modo de ser (submodos). A terapia que se procura costuma aparecer em meio às desordens e contradições discursivas, permitindo leituras e releituras da sua realidade em ação. Assim, não é raro encontrar um filósofo clínico trabalhando, além do consultório e hospitais, num jardim ou café, na beira da praia ou na casa do partilhante, uma vez que o lugar dos atendimentos também se adapta às suas necessidades.

A concepção da Filosofia Clínica não escapou da desaprovação de alguns profissionais da ciência normal (Thomas Kuhn). Ao pensar de maneira inteiramente nova, a compreensão de um novo paradigma reivindica um ambiente diferenciado; seu método de trabalho para localizar os cenários inexplorados, trata de não explicar ou analisar, mas descrever seu aparecimento em um ângulo inédito.

# O TEXTO BIOGRAFIA

Os episódios na vida de uma pessoa ficam registrados em tópicos – determinantes ou periféricos – de sua estrutura de pensamento. A memória trata de guardar esses momentos de um jeito próprio, nem sempre de acordo com a literalidade dos fatos.

Um aprofundamento sobre determinados períodos de uma historicidade pode atualizar os dados arquivados por uma releitura. Ainda assim, existem armadilhas espalhadas por esses trajetos subjetivos. A revisita a intencionalidade daqueles dias, oferece, entre achados e perdidos, alguns extravios ou maquiagens reverenciadas por determinada época. Com esse movimento, nem sempre linear, uma matéria-prima se apresenta numa reedição ao que se tinha definitivo.

Em Umberto Eco: "Poder-se-ia dizer que um texto, depois de separado de seu autor (assim como da intenção do autor) e das circunstâncias concretas de sua criação, flutua no vácuo de um leque potencialmente infinito de interpretação possíveis (...)." (Interpretação e superinterpretação, 1997, p. 48).

Uma possibilidade é a reinvenção do velho álbum, reutilizando os dados da memória. Numa ótica atual, essa reacomodação de eventos se desdobra nas peculiaridades dos dias de hoje.

As regiões inexploradas na estrutura de pensamento de uma pessoa podem ser acessadas pela leitura de um livro, onde o autor, ao descrever cenários e enredos, oferece conteúdos de aproximação às buscas do leitor, o qual, com essa fonte de inspiração, pode reescrever sua história.

No caso de uma biografia, pode existir sobreposição de personagens, onde o leitor se integra às páginas diante de si em reciprocidade. Isso acontece ao se deparar com alguma faceta da obra que o represente. Nesses instantes, ao ter repercussão em sua malha intelectiva, o texto pode assumir o caráter de uma autobiografia compartilhada.

Umberto Eco auxilia: "O pensamento hermético afirma que nossa língua, quanto mais é ambígua e polivalente, e quanto mais usa símbolos e metáforas, tanto mais é particularmente adequada para nomear a unidade onde ocorre a coincidência dos opostos." (Interpretação e superinterpretação, 1997, p. 37).

Um texto dessa natureza agrega em si mesmo realidade e ficção, semelhante à recuperação da história de vida na hora-sessão. Esse instante, por si só, ao desinstalar dados da memória, oferece uma releitura daqueles dias. Algumas vezes a reinvenção dos fatos acontece pela atualização de sua descrição. Nesse sentido, uma biografia qualifica o conceito de singularidade, pela história de vida narrada na obra, suas especificidades, desdobramentos e ressonâncias com o mundo do leitor.

O deslocamento subjetivo que se realiza no texto biografia coloca o leitor numa condição de espectador privilegiado, vivendo em perspectiva os eventos do roteiro, que o alcança pela reciprocidade. Assim o leitor, ao experienciar-se nas páginas de um livro, pode reafirmar sua condição de sujeito na própria história.

## Escritura e reciprocidade aprendiz

Dentre os benefícios do contato com os livros, destaca-se a possibilidade de vivenciar múltiplos personagens, pelas idas e vindas numa região em vias de mostrar-se. Esse movimento desaloja o espírito leitor de sua zona de conforto, convida a visitar lugares, até então desconhecidos para si mesmo.

A cada obra, uma singularidade modifica suas circunstâncias, agregando uma matéria-prima da partilha com suas páginas. Essa dialética se instala pela relação do livro com seus convidados. A partir do instante leitura, o texto revive na pluralidade de sentidos, derivações e significados.

Gaston Bachelard ensina: "As imagens poéticas suscitam o nosso devaneio, fundem-se nele, tão grande é o poder de assimilação da anima. Estávamos a ler, e eis que nos pomos a sonhar. Uma imagem recebida em anima nos põe em estado de devaneio contínuo." (A poética do devaneio, 2001, p. 61).

Esse estado de espírito do filósofo alerta para determinadas leituras e suas ressonâncias na vida cotidiana. O esboço dos jardins elabora contornos de cores, sons e aromas, numa construção compartilhada para as lonjuras existenciais.

Uma singular alquimia se desenvolve na interseção do leitor com o conteúdo da obra, onde a narrativa amplia sua leitura de mundo. Nesse sentido, para acessar as verdades do outro, é essencial aprender o uso de suas palavras, decifrar a língua por onde se diz.

Céline Curiol compartilha: "(...) o sujeito (...) faz um excepcional esforço e pergunta o que ela faz na vida. (...) Estão loucos para saber em que categoria classificá-la. (...) Todos os olhares estão cravados nela, um autêntico tribunal aguarda a resposta correta de sua parte. Ela já não tem certeza se ainda sabe falar a língua deles. Só há um meio de tirar isso a limpo. Sou prostituta." (Voz sem saída, 2006, págs. 38 e 39).

Em um acordo nem sempre possível de verificação objetiva, a conexão entre duas almas acontece pelas peculiaridades de um encontro. A reciprocidade busca superar essa lógica das equivocidades onde uma pessoa se expressa numa frequência e outra noutra.

Ao ser publicada, a escritura busca o leitor ideal. Com a matéria-prima desses cenários compartilhados, é possível esse quase-partilhante, assumir um protagonismo que lhe cabe. Assim, a obra literária reivindica um cenário determinado, refém dessa relação das páginas de um livro com sua leitura.

# A INTERSEÇÃO INCOMPREENDIDA

Existem tantas nuances em uma leitura literária quanto na hora-sessão em Filosofia Clínica. Esses aspectos diferenciados dizem respeito ao momento existencial de cada leitor ou partilhante em relação ao seu "aqui-agora", seja com um texto diante de si ou revendo sua historicidade na terapia.

Os princípios de verdade costumam elaborar um chão onde o sujeito poderá desenvolver sua expressividade. Nos dias de hoje, com a embriaguez das lógicas da internet, sua avalanche de informações e desinformações, se apresenta um território movediço para obter conhecimento.

Uma visita a um site, livro ou ao filósofo clínico pode significar aquilo que a pessoa já prescreva para si mesma. Através de um texto ou na companhia de um terapeuta, as lógicas da incompreensão podem ser superadas.

Fernando Pessoa contribui: "(...) como pode uma época compreender ou apreciar aquilo que, por definição, a supera?" (Alguma prosa, 1990, p. 105).

Uma aptidão para observar e investigar uma estrutura subjetiva, no contexto do seu exercício existencial, pode identificar a sintonia da sua intencionalidade.

A percepção dos inéditos oferecidos pela palavra reivindica um determinado estado de espírito, para acessar sua fonte de verdades. Conhecer os limites da interseção e saber até onde se pode chegar com a leitura de uma obra ou a clínica pessoal.

Em Ernst Cassirer: "(...) O espírito somente apreende a si próprio e a sua oposição ao mundo objetivo, na medida em que ele transfere para os fenômenos e, por assim dizer, a eles atribui diferenças de apercepção que residem nele próprio." (A filosofia das formas simbólicas, 2001, p. 175).

Um texto literário pode ter mil versões, ao se considerar sua singularidade. A escritura ainda quando redigida com base no dicionário comum, pode ser incompreendida pelo sentido das palavras do autor ou dessintonia do leitor. Não é raro uma mensagem se exilar nas entrelinhas de um texto, até o dia em que uma leitura traduza seu conteúdo.

Uma conexão com esse encontro de raridades se assemelha com o papel existencial de leitor e filósofo clínico, oferecendo um diálogo com os territórios subjetivos, em momentos de ressignificação pessoal.

## Literatura e vice-conceito

Na clínica da Filosofia Clínica realizada em ambientes adversos, como hospitais psiquiátricos, e os protocolos da internação involuntária – drogadição psiquiátrica – é comum a pessoa internada ter uma linguagem própria como refúgio às lógicas do hospício.

Ao desenvolver rituais em um vocabulário peculiar, inacessível ao mundo que a desconsidera, encontra um lugar – em si mesma – para chamar de seu. Essa condição extraordinária se parece com o poetizar do poeta, o qual raramente é internado por sua poesia.

Cecília Meireles, no *Mundo das Rosas*: "(...) todos os dias, certamente, brilham novas rosas... Elas se sucedem, cada vez mais belas, mais perfeitas, mais estranhas, conforme a imaginação do floricultor. (...) a beleza de cada uma é sem repetição; cada rosa é única – e nisto se parecem com a criatura humana – e o seu tempo de vida é um tempo exclusivo (...)." (Inéditos, 1967, p. 134).

Nesse fragmento, é possível perceber e sentir o alcance de uma poética, a qual se realiza numa interseção do mundo das rosas com o fenômeno humano, descrevendo a imaginação do floricultor como um deus a cuidar de seu jardim. A conexão com a categoria tempo refere o inédito fugaz em cada convívio.

A linguagem substitutiva de um vice-conceito pode contribuir para um distanciamento subjetivo, em busca de autoproteção. Veja-se os cronistas do cotidiano, em seus escritos para superar o olho nu das palavras reconhecidas, acolhendo o sonho e a utopia como cúmplice dos seus traços.

Uma lógica não linear pode localizar a fonte de desrazão, onde uma singularidade exercita a vida que lhe pertence, para proteger seu discurso existencial incompreendido.

Nélida Piñon compartilha: "Como peregrina, percorria a pé o deserto da ilusão, com areias escaldantes. A pele lhe descascava, levando às costas, à guisa de caracol, a casa apinhada de memórias." (Aprendiz de Homero, 2008, p. 188).

Assim, é possível visualizar a expressividade de uma estrutura de pensamento, ao acolher por inteiro algo que a represente. Ao compartilhar esse lugar em movimento – à guisa de caracol –, carrega consigo a casa mobiliada com suas memórias. As autoras elaboram um discurso existencial numa lógica de vice-conceito, por onde se diz algo para remeter a outras coisas.

É interessante notar que a produção criativa de poetas, escritores, filósofos, compositores, roteiristas de cinema não se imputa a alcunha de "loucura", no máximo um ser "esquisito". Muitos até apreciam os escrachos do cotidiano como distinção, evidenciando sua distância com o cárcere da vida normal.

# Descrituras

"(...) Deram-me esta bela gravata... como um presente de desaniversário! – o que é um presente de desaniversário ? – Um presente oferecido quando não é seu aniversário, naturalmente."
Lewis Carroll

Uma redação se faz página cotidiana na vida de qualquer pessoa, quer ela entenda ou não. Algo que restaria esquecido, não fosse a ousadia semiótica a tentar decifrar essa trama de códigos imperfeitos. Por esse esboço, a lógica descritura se incompleta para prosseguir inconclusa, aberta, viva.

Nem sempre se escolhe escrever. Algumas vezes são as palavras a escolher um sujeito para se dizer. Conteúdos de rascunho, ilação, percepção extemporânea, reflexão. Aproximações com a zona interdita nas margens de cada um.

O tempo aprecia conceder eficácia de tradução aos traços persistentes. O sujeito prisioneiro dessa armadilha conceitual experimenta liberdades nem sempre possíveis de mencionar na forma retórica. A relação do universo singular com o mundo dos outros aprecia se realizar em manuscritos compartilhados.

Heidegger auxilia: "(...) estamos sempre no perigo de sobrecarregar um poema com excesso de pensamento e, assim, impedir que o poético nos toque." (A caminho da linguagem, 2004, p. 133).

A trama constitutiva dos termos agendados exibe um processo em curso na pessoa fonte de vivências, um deslocamento a mencionar labirintos desmerecidos. Esse olhar inédito, a conter invisibilidades, aproxima-se de um lugar sem nome.

Um refém sugere seu extraordinário teor discursivo em dialetos de novidade. Quiçá à espera de algo que o mantenha vivo, um pouco antes de ser verdade nalguma forma de religião. A desnecessidade aparece, ao autor destas linhas, como um lugar provisório aos textos por vir.

Em Heidegger: "(...) A linguagem da poesia é essencialmente polissêmica e isso de um jeito muito próprio. Não conseguiremos escutar nada sobre a saga do dizer poético enquanto formos ao seu encontro guiados pela busca surda de um sentido unívoco." (A caminho da linguagem, 2004, p. 63).

No encontro do acaso com a definição o sujeito desdobra-se num percurso onde entrevê seu ser passando. Assim, as releituras podem conseguir um vislumbre desses traços malditos. Nalguns instantes, as palavras podem antecipar a visão do paraíso ou inferno pessoal.

Essa teia de signos possui intencionalidade transbordante, a qual, longe da singularidade que a produz, nada é. Sua ameaça às certezas oscila com a frequência das interseções do seu entorno. Os rituais de autodescoberta esparramam vestígios de arquitetura indizível. Quiçá tentativa de expandir a janelinha diante do espelho.

Escreve-se por não saber por quê. Quando se sabe já são outras razões. Nessa dialética, a descritura aproxima o sonho da vida real. Já é outro aquele mesmo que se foi. Convivência absurda a parir virgindades.

## Literatura e desrazão

Existe uma conexão com o fenômeno da criação literária, roçando sua expressividade como desrazão. O fazer originário da poética, por suas múltiplas formas de dizer, poderia, numa ótica tipológica, ter um estigma psiquiátrico.

Sua estética ao ser um esboço incomum, rascunha possibilidades de emancipação para a condição humana distante do seu melhor. Assim, se apresentam nas desestruturas de raciocínio, devaneios, incompletudes discursivas, numa conversação com o fenômeno da irrealidade, um pouco antes da definição diagnóstica.

A estrutura metodológica da Psiquiatria, ao evidenciar a esteticidade e o descontrole como justificativa para sua atuação, desconhece as crises de transição como um devir existencial. Ao localizar a neurofisiologia como causa e não como consequência, produz seu objeto de estudo. O fenômeno humano assim pensado, em sua tez de ser singular, fica inacessível à lógica dos protocolos institucionais.

Ernst Cassirer compartilha: "(...) Toda forma de espírito verdadeiramente original cria a forma linguística que lhe é apropriada." (A filosofia das formas simbólicas – A linguagem, 2001, p. 117).

Uma pessoa em um mundo desajustado e cruel pode ser incapaz de produzir outra coisa que não sua própria revolta, encontrando no asilo psiquiátrico o papel existencial de anti-herói. Na Literatura, esses ingredientes costumam abastecer a criatividade e suas derivações, ao dialogar com as margens e demais aspectos desconsiderados de uma estética peculiar.

Em Filosofia Clínica, a referência é o sujeito partilhante. Não se trata de saúde ou doença mental, mas de acolher as possibilidades de cada sujeito em momentos de confusão e transição a melhores dias.

Uma originalidade assim descrita pode ficar exilada em si mesma, de acordo com os princípios de verdade de sua época. A regra social, ao normatizar atitudes e convívios, restringe o aparecimento de novas aptidões. Nesse sentido, a Literatura, como fonte de originalidades, oferece matéria-prima a libertação do sujeito em busca de ser alguém para si mesmo.

Cláudia Lage compartilha: "(...) Para o escritor Fernando Sabino, Clarice Lispector havia alcançado uma forma muito própria de escrever, na qual a linguagem nascia da experiência mais íntima da personagem. Em primeiro plano, não estavam os episódios, mas o fluxo palpitante da subjetividade. O que Álvaro Lins havia visto como excesso de introspecção e individualidade era para Sabino originalidade e renovação na criação de um romance." (Labirinto da palavra, 2013, p. 117).

Uma poesia existencial, ao encontrar seu eixo de expressão, pode emancipar-se do exílio das predeterminações. Esse ser – até então – intraduzível, costuma abrigar-se em linguagem própria, quase sempre em desacordo com a sintaxe reconhecida. Talvez por isso a pessoa em vias de transição existencial seja desarrazoada ao visar tipológico da Psiquiatria, incapaz de acolher e compreender uma singularidade em processo.

## Escritores inesperados

A reflexão sobre as origens e desenvolvimento de uma escritura depara-se com a estranheza das possibilidades de seus apontamentos. É raro um texto de natureza inédita alcançar um entendimento na versão inicial. Seu conteúdo aprecia um olhar atento para oferecer uma chave de leitura às suas páginas.

Com a incompreensão de seu tempo, vivenciam a periferia literária. Suas páginas, na contramão dos *best-sellers*, cujo critério é o número de exemplares vendidos, desagradam o espírito de multidão. Assim, é incomum um autor de verve inesperada ter seu trabalho reconhecido enquanto viver – no máximo, como erro ou desconcerto em relação à produção literária, hegemônica, de sua época.

Antônio Albalat aponta: "(...) para todos nós, o campo da imaginação está por cultivar; pode produzir, mas deve ser adubado. É quase sempre após uma leitura que se declaram as vocações literárias, porque é por ela que o nosso espírito se abre aos múltiplos recursos da arte de escrever". (A arte de escrever, 1913, p. 28).

Textos da envergadura literária de autores como Kafka, Borges, Virgínia Woolf, Nietzsche, raramente encontrarão um acolhimento em sua geração. Talvez por serem autores que convivem com um cotidiano imprevisível, suas páginas desenvolvem subtextos ao redor da estrutura discursiva. Uma característica dessa forma de escrita é a busca do que ainda não é.

Os apontamentos do imprevisível se descrevem em conexão com a irrealidade. Tratam-se de obras para superar os limites da própria representação. Para saborear esses inéditos, o leitor terá de se colocar numa frequência aproximada.

Martin Heidegger ensina: "(...) o estranho está em travessia. Sua errância não é, porém, de qualquer jeito, sem determinação, para lá e para cá. O estranho caminha em busca do lugar em que pode permanecer em travessia. O estranho segue, sem quase dar-se conta, um apelo, o apelo de se encaminhar e pôr-se a caminho do que lhe é próprio." (A caminho da linguagem, 2004, p. 31).

Uma característica do texto literário é seu caráter de surpreender, um desses lugares onde Filosofia e as poéticas da singularidade se encontram. Em um convite para vivenciar algo extraordinário, seus esboços propõem dizer algo mais. Outro aspecto da escritura é ser inadequada, provocando debates, reflexões, ressonâncias sobre seu discurso. Em seus capítulos de natureza inspiradora, desaloja zonas até então inacessíveis a uma reescrita existencial.

Diante dos freios existenciais da vida contemporânea, toca aos escritores inesperados encontrar uma via de interseção compreensiva para seus textos. Ao classificar esses autores como obtusos, desconhecem que seu teor compartilha um jogo de cena, a sua melhor versão, reivindicando uma sintonia com sua fonte de originais. Algo que destaca um texto literário é sua aptidão de encantamento. Ao desalojar o leitor de uma zona de conforto, se oferecem outras possibilidades ao que se tinha insuperável.

## Literatura e papel existencial

Papéis existenciais se desenvolvem através de atividades multifacetadas, num cotidiano impregnado de exigências de ter ou ser alguma coisa. Podem constituir algo que represente a singularidade ou distanciá-la de seu melhor.

É possível exercer uma atividade dessa natureza mesmo ao distorcer a expressividade. Nesse caso, pode significar uma ameaça ao ser sujeito ao ter uma desconformidade consigo mesmo.

Aos leitores, os personagens e enredos dos livros podem representar uma fonte de inspiração para seus projetos. Ao experienciar em reciprocidade o roteiro de uma história, podem encontrar opções para superar a distância de si para si. A escolha de uma obra pode significar a pedra de toque para melhorar uma condição pessoal.

C.S. Lewis compartilha: "(...) livros que não têm nada em comum, exceto que cada um nos leva a um mundo próprio, um mundo que já estava por aí antes de tropeçarmos nele, o qual, porém, uma vez encontrado pelo leitor certo, torna-se indispensável para ele." (Como cultivar uma vida de leitura, 2020, p. 95).

Com a hora-leitura, o leitor assume em reciprocidade as andanças pelo território da obra literária. A duração desses ensaios, como personagem de um enredo, atualiza o horizonte de suas possibilidades.

Em um convívio com o texto, se pode antever o alcance de uma leitura, como proposta de superação às contradições pessoais.

C.S. Lewis diz assim: "(...) ao ler a grande Literatura, eu me torno mil homens e, mesmo assim, continuo a ser eu mesmo. Tal como o céu noturno no poema grego, eu vejo com uma miríade de olhos, mas ainda sou eu quem o vê." (Como cultivar uma vida de leitura, 2020, p. 20).

Ao acenar em suas páginas aquilo que o dia a dia não lhe oferece, a Literatura pode significar um encontro com novas realidades. Nesse sentido, alguns papéis vivenciados na hora-leitura, podem ter dificuldade em regressar ao seu cotidiano.

Para um leitor assim descrito, em uma sociedade que não o representa, ao visitar as periferias desmerecidas de si mesmo, pode emancipar aptidões até então invalidadas. Nesse sentido, um clássico, ao tratar conteúdos universais, oferece uma fonte de inspiração para um sujeito numa história que lhe pertença por inteiro.

## Notas sobre as lógicas incompreendidas

A expressividade costuma ser íntima – como integridade ou distanciamento – de uma estrutura de pensamento, ou seja, da matriz de onde o sujeito desenvolve raciocínios, ideias, sonhos, projetos de vida. Essa malha intelectiva, para dar conta dos eventos do cotidiano, se descreve numa dialética singular. Para conhecer esse endereço subjetivo, é preciso acolher e dialogar com sua intencionalidade.

É comum uma pessoa assumir verdades de acordo com o grupo no qual convive: família, trabalho, amigos. No entanto, uma singularidade pode se sentir refém de uma cultura onde está existencialmente ancorada. O impacto das relações cotidianas pode ser maior do que se imagina, podendo interferir na constituição de sua identidade, a qual, ao assumir um determinado jeito de ser, fica distante de seu melhor.

Um texto representativo dessa realidade pode apontar as hegemonias do seu grupo social. Redige uma determinada ótica de mundo para se consolidar como determinante, criando regras e normas para conviver.

Uma expressividade afinada com uma lógica singular pode transitar pelo lugar sem ser notada. Ao se deslocar numa quase invisibilidade, elabora ingredientes em um processo existencial não linear. Assim, podem se expressar autores em estado febril, a rascunhar seus originais, manifestando quadros de consciência alterada, cuja tradução pode ser incompreensível à estrutura de pensamento da localidade onde se encontram.

Thomas Mann compartilha: "(...) na esfera de Lessing, nós nos acostumamos a relativizar as coisas, a humanizar o conceito de verdade, e nos habituamos à ideia de que os critérios do que é verdadeiro residem menos na verdade defendida do que naquele que a defende." (O escritor e sua missão, 2011, p. 55).

Os rótulos do saber especialista têm dificuldade em catalogar esses escritos, pois se mostram ora de um jeito ora de outro, transbordando os limites da tipologia literária. Talvez um acolhimento compartilhado consiga decifrar aspectos do devaneio precursor.

Nesse sentido, é possível detectar uma ideologia – no sentido de ocultamento – nas entrelinhas de determinadas retóricas, impregnadas de fundamento e ordem. Seu teor discursivo, no entanto, exibe um falso reconhecimento a expressividade diferenciada. Para isso, existem instituições e normas para vigiar e conter quem vive à margem.

Em Thomas Mann: "(...) a vida não é suave com as pessoas, e podemos dizer que ela prefere mil vezes a doença criativa, doença que doa genialidade, doença que enfrentará os obstáculos a cavalo, saltando de rocha em rocha com audaz embriaguez, à saúde que anda a pé." (O escritor e sua missão, 2011, p. 125).

Um processo de integração do sujeito consigo mesmo pode significar a desconstrução do lugar e a superação das circunstâncias onde se encontra. Localizar existencialmente aquilo que lhe pertence por inteiro pode superar os rótulos de contenção. O fenômeno literário é um abrigo para se realizar ensaios desconstrutivos dessa natureza.

As lógicas da incompreensão insinuam vontades ainda sem representação. Não é raro um autor redigir-se a partir da revolta com um meio que lhe oprime, como resistência ou proposta de reinvenção. Ao elaborar-se nalguma forma de esteticidade, um devir singular se sustenta como forasteiro nos manuscritos em busca de autoria.

## Pretéritos futuros

"Mas a função do filósofo não será a de deformar o sentido das palavras o suficiente para extrair o abstrato do concreto, para permitir ao pensamento evadir-se das coisas?"
Gaston Bachelard

A concepção de um esboço de ideias em atitudes poderia significar a vida em retrospectiva de amanhãs. Um lugar para alcançar a fonte da imaginação e seus originais.

A linguagem do futuro pretérito busca superar a antítese entre o vivido e sua descrição. Existem pessoas aprisionadas nalguma página de suas vidas. Em uma dialética entre passado, presente e futuro, nem sempre conseguem realizar uma desconstrução de qualidade, capaz de superar aquilo que passou. Parece incomum transitar com desenvoltura entre um ponto e outro de sua historicidade.

Em Donaldo Schüler: "(...) vivemos de perdas e ganhos. Drummond dirá, falando heracliticamente: 'Ganhei (perdi) meu dia'. Como ganhar sem perder ? Nada se ganha sem que a perda abra espaço a novas aquisições. Não poderíamos beneficiar-nos de novas águas, se pretendêssemos reter as que já temos." (Heráclito e seu (dis)curso, 2000, p. 111).

Partindo do viés singular, numa percepção reflexiva com a realidade plural, é possível emancipar as velhas ideias – permitir o acesso ao novo vocabulário, atualizando antigas verdades. Nesse sentido, exercitar a flexibilidade existencial pode ajudar, deixando-se surpreender pelos eventos de transgressão.

É possível deslocar-se de um lugar a outro do cotidiano, para experienciar intencionalidades – um ensaio para anunciar uma nova versão pessoal. Entrementes, o ponto de vista subjetivo também pode ser impactado por aquilo que vinha vivendo, firmando roteiros em uma lógica retroativa.

Donaldo Schüler indica: "A presença do caos impede que o mundo se imobilize. O mundo não é só uma coleção de coisas, é também o arranjo de coisas, tocadas pelos projetos dos que nele habitam. O mundo está e não está pronto." (Heráclito e seu (dis) curso, 2000, p. 238).

Talvez, ao reconsiderar as miradas do instante, se possa transcrever a continuidade num viés de fato novo. Na representação de cada um, a especulação sobre os inéditos endereços existenciais pode reajustar reminiscências.

Com as lógicas do improvável, pela palavra fora de si, é possível descrever exílios, apontar utopias, acolher singularidades. Um roteiro pelo extraordinário de todas as coisas se insinua como arte de desvendar horizontes.

Nesse vão das idas e vindas, a conjugação revive um tempo que ainda não chegou. Numa semiose dos múltiplos jogos de linguagem, a voz dos rascunhos sugere um quase delírio. Numa estrutura fugaz, refugiada nas entrelinhas do cotidiano, é possível ser a incompletude uma essência de vida singular.

## Literatura e princípios de verdade

Um horizonte de múltiplas faces se desenvolve nas páginas de um livro, seja como inédito ou derivação de algo presente na versão do autor. A observação e a reflexão sobre seu meio cultural constituem a matéria-prima destas obras dos intervalos de realidade e ficção.

A província das palavras elabora seus textos numa interseção de espaço, tempo e lugar. Assim, o discurso existencial do autor e do leitor se encontram na obra em sintonia com suas representações. A condição humana singular, em determinado ponto da sua história, pode oferecer uma conexão com aquelas verdades. Sua essência é um visar subjetivo com o meio onde se encontram seus personagens.

Um livro dessa natureza tem a aptidão de oferecer ao leitor uma vivência protagonista com seus roteiros, aproximando o contexto da obra com a especificidade de uma leitura. A biografia do autor costuma se insinuar nas frestas dos seus escritos. Uma narrativa pode mostrar ou esconder sua fonte de inspiração.

Em Arthur Schopenhauer: "O mundo é minha representação. (...) Possui, então, a inteira certeza de não conhecer nem um sol nem uma terra, mas apenas olhos que veem este sol, mãos que tocam esta terra; em uma palavra, ele sabe que o mundo que o cerca existe apenas como representação, na sua relação com um ser que percebe, que é o próprio homem." (O mundo como vontade e representação, 2001, p. 9).

Os princípios de verdade constituem a cultura onde um discurso existencial se desenvolve. Quando as verdades subjetivas alcançam uma forma de entendimento, seu conteúdo ressoa aos demais integrantes da comunidade. A língua costuma indicar uma determinada região do planeta, uma perspectiva sobre a natureza e o alcance de sua condição.

As imagens, sons, cheiros, visões, a culinária, os dialetos constituem um chão por onde o sujeito desenvolve seu fazer literário. Assim, sua escrita pode se mostrar como admiração ou crítica ao meio onde se encontra.

As narrativas que se escrevem a partir do lugar do autor significam algo para algumas pessoas; para outras, não farão sentido. O alcance de um texto literário está ligado às possibilidades de sintonia existencial entre autor, leitor e o conteúdo da obra.

Fernando Savater auxilia: "(...) Na Casa Museu de Fernando Pessoa, contamos com a companhia de Inês Pedrosa, sua diretora. Ela se ofereceu para colaborar conosco e ajudar-nos a resolver algumas das muitas dúvidas que temos sobre essa figura tão enigmática que passou a vida mudando de endereço." (Lugares mágicos – Os escritores e suas cidades, 2015, p. 123).

A confirmação ou a superação de determinados freios existenciais podem exibir uma experimentação através da escrita literária. Seus fundamentos, justificativas, as citações, compõem uma estrutura de pensamento única. Os deslocamentos do autor a outros endereços existenciais – objetivos ou subjetivos – convivendo com culturas e pessoas diferenciadas, contribuem para descobrir aspectos de si mesmo em cada nova circunstância, elaborando uma matéria-prima aos seus manuscritos. Uma realidade assim pensada aprecia "viajar-se a partir da poltrona".

Nesse sentido, o texto literário, além de compartilhar um saber singular, oferece a oportunidade de localizar onde a estrutura de pensamento do autor se encontrava quando redigia seus originais.

O discurso da singularidade tem sua origem nos desdobramentos de um cotidiano. Assim, a pessoa pode constituir um mundo a partir de uma conjugação existencial – em acordo ou desacordo – com seu meio. Os escritos podem ser um ponto de partida para vivenciar novos lugares em si mesma.

# Prolegômenos sobre a vida nas coisas

"(...) Caravelas sonhando imóveis
sobre velhos pianos..."
Mario Quintana

Na ótica das coisas, existe um deus que as faz nascer, morrer, reviver. Nelas mesmas, se encontra a versão silenciosa das múltiplas possibilidades. Tem as coisas que ofuscam a visão e as que a pluralizam, ainda aquelas à espera do olhar absurdo. Esse contexto de caos e harmonia convive na estrutura de quase tudo.

À primeira vista, as coisas podem enganar intencionalidades. Ao lhe atribuirmos um nome, condição ou propriedade, ainda assim não se esgota sua condição de originalidade. Ao distorcer a impressão inicial, é possível atribuir-lhe um novo significado, concedendo-lhe razões desconhecidas. Ao ser inenarrável de forma definitiva, carrega a vertigem de suas outras regiões.

Entre uma subjetividade e outra, as coisas reivindicam uma chave de acesso. Para conhecer sua condição provisória, é necessário saber a interseção que a define. A coisa precisa de uma "não coisa" (que somos nós) para fazer algum sentido. No caso de um poeta, sonhador, filósofo, ao visitar o mundo da não palavra, poderá acessar sua origem e desenvolvimento.

Michel Foucault recorda Paracelso: "(...) não é vontade de Deus que o que ele cria para o benefício do homem e o que lhe deu permaneça escondido. E, ainda que ele tenha escondido certas coisas, nada deixou sem sinais exteriores e visíveis com marcas especiais – assim como um homem que enterrou um tesouro marca a sua localização a fim de que possa reencontrá-lo." (As palavras e as coisas, 2002, p. 36).

Uma coisa, sendo algo para alguém, deixa de ser indefinível para se tornar. Existe um agora por onde a coisa se diz, delimita aquilo que irá apresentar. Assim, se constitui uma autonomia compartilhada entre o sujeito e a coisa. Para qualificar o encontro onde material e imaterial se conjugam, reivindica-se um passeio pela esquina das coisas distraídas.

Através de uma estética do inusitado, em um mundo desmerecido, é possível sentir os rumores da coisa presente em todas as coisas. Nesse sentido, existem coisas conhecíveis e coisas irreconhecíveis. Momentos de reviravolta, onde as coisas, sendo elas mesmas, podem ser outras. Essa nuança da coisa em si parece se divertir ao aparecer como simulacro de coisa nenhuma.

Merleau-Ponty refere: "(...) o preço que se deve pagar para ter uma linguagem conquistadora, que não se limite a enunciar o que já sabíamos, mas nos introduza a experiências estranhas, a perspectivas que nunca serão as nossas, e nos desfaça, enfim, de nossos preconceitos. Jamais veríamos uma paisagem nova se não tivéssemos, com nossos olhos, o meio de surpreender, de interrogar e de dar forma a configurações de espaço e de cor jamais vistas até então." (A prosa do mundo, 2002, p. 119).

Ao querer dizer algo mais sobre uma coisa, restam traços desmerecidos para resguardar a memória para si mesma. A expressividade de um achado adquire vida na exceção de um talvez. As revisitas a esse lugar descreve aquilo que se perdeu.

Sua tradução requer a captura de um silêncio nas próprias coisas, por onde se refugiam suas outras versões. Assim é possível conviver com a "não coisa", para entrever as verdades sem tradução. Podem ser coisas vividas nos espaços desmerecidos onde – sem sair do lugar – percorrem calçadas, jardins, sonhando flores sem formiga.

Em cada coisa, existe um excesso de outras coisas. Sem sair de si, aguardam um encontro favorável para se manifestar. Pode ser a visão que escuta e descreve, a escuta que vê e aponta, em lógicas de um devaneio precursor. A imprevisibilidade dos dias rascunha eventos nem sempre visíveis ao olho nu das palavras.

No ângulo de cada coisa existe uma multidão de outras à espera para se mostrar.

# A conquista das palavras

Em uma curva inesperada dos dias, é incomum acontecer algo para transgredir a previsibilidade do vocabulário. Essas ideias, sensações, percepções num instante fugaz, destoam dos trajetos oferecidos pela retórica das ruas. Nesses momentos de travessia, se pode descrever uma cena fora de foco, nem sempre compreensível à primeira vista.

Um traço desencontrado aprecia as brechas da definição para um novo ponto de visão. A partir da superação da sintaxe conhecida, o erro ou distorção pode ser um convite a uma fonte de originais. Seu teor parece o rascunho das vontades interditadas.

Jean-Paul Sartre contribui: "(...) ninguém pode penetrar no universo dos sonhos se não está dormindo; da mesma forma, ninguém pode entrar no mundo fantástico se não se torna fantástico." (Situações I – críticas literárias, 2005, p. 143).

A leitura dos termos agendados no intelecto pode significar uma aproximação com as lacunas incompreendidas de uma expressividade. Nesses textos, uma fonte de verdades se apresenta, num esboço singular.

O teor desses enredos reivindica uma reciprocidade para encontrar – onde menos se espera – sua fonte de inspiração superando a ideia da palavra definitiva.

Ao se pensar os labirintos da imaginação criativa, é possível acessar algo em vocabulário próprio. Assim, se apresenta uma visão em sintonia com o estranho. Quando uma coisa significa outra coisa, pode inaugurar novos espaços de saber.

Em Sartre: "(...) Para compreender as palavras, para dar um sentido aos parágrafos, é preciso primeiro que eu adote seu ponto de vista, que eu seja o coro complacente. Essa consciência só existe por meu intermédio, sem mim haveria apenas borrões negros sobre folhas brancas." (Situações I – críticas literárias, 2005, p. 43).

As palavras assim descritas parecem escolher os subterfúgios e jogos de cena para desvendar-se. Nesse sentido, as equivocidades discursivas e distorções costumam significar algo mais.

É raro esses manuscritos encontrarem – à luz do dia – um leitor capaz de acessar esses protótipos. Suas brumas costumam ser catalogadas pela censura prévia dos princípios de verdade. A concepção de um diário singular revela uma forma de vida, um lugar de onde alguém redige sua história.

O acolhimento dessa fonte de originais encontra na expressão estética, aquilo sem palavras para se dizer. Desvendar as relações de sagrado e profano no paraíso subjetivo, pode significar a conquista de novos territórios.

# Poéticas da irrealidade

Os eventos do cotidiano ensaiam um convite – muitas vezes incompreendido – para desatar seus próprios nós. Costumam ser pretextos aos rascunhos da inspiração singular. Ao inspecionar as vizinhanças do mundo conhecido, essas lonjuras de aspecto intocável se oferecem na reapresentação das horas. Sua tez de algo por vir cogita sobre terras esquecidas.

Sua concepção atualiza a especulação sobre essas outras verdades, previamente descartadas por aquilo que se sabe. O roteiro desses ensaios acontece num território de excelência. Assim, os devaneios pelas ruas de Buenos Aires, Praga, Budapeste, Madrid, Porto Alegre, podem significar a nascente de algo inesperado.

Matthew Pearl aponta: "(...) os primeiros murmúrios de uma nova verdade não são captados pelos que necessitam de amplificadores de ouvido." (O clube Dante, 2005, p. 223).

As poéticas da irrealidade acolhem o rumor das margens do que se vê, ouve, sente. Sua mensagem de caráter flutuante sugere uma investigação das errâncias. Esse além de si mesmo insinua seus traços ao superar o chão reconhecido. Ao ampliar seus impróprios limites, aprecia ser transbordamento.

Seu dizer emancipa, reinventa os arrabaldes do léxico conhecido. A constatação de um território inexplorado reivindica uma introspecção bem trabalhada. Aqui, se vislumbra a perspectiva de ânimos precursores. Sinto que homens como Platão, Aspásia de Mileto, Aristóteles, Shakespeare, Nietzsche, Marie Curie, Dante, Valentina Tereshkova, Einstein, Joana D'Arc, Fernando Pessoa ... frequentaram essa fonte de originais em si mesmos.

Em Michel Foucault: "(...) No interior das frases, ali mesmo onde a significação parece ter um apoio mudo em sílabas insignificantes, há sempre uma nomeação adormecida, uma forma que guarda fechado entre suas paredes sonoras o reflexo de uma representação invisível e, todavia, inapagável." (As palavras e as coisas, 2002, p. 145).

Uma das competências para visualizar e traduzir as conexões entre diferentes jogos de linguagem é um saber aprendiz, que se inicia sabendo que não sabe. Outro aspecto é sentir, perceber, intuir seu ser incomum, enquanto se esboça como dúvida, contradição, paradoxo com aquilo que conhece.

Esse universo resguarda seus segredos para alguém com *borogodó* para decifrá-lo. Sua descrição se apresenta nas narrativas diante do olhar. Nessa subjetividade desconsiderada pelos princípios de verdade, desdobra-se a pluralidade silenciosa dos anúncios, por onde o mundo conhecido amplia seu território.

As poéticas da irrealidade vislumbram uma matéria-prima por vir. Em uma relação a perder de vista, seus apontamentos reinventam o velho mapa. Ao filósofo clínico, cabe investigar as origens, observar os deslocamentos, compartilhar-se por esses discursos existenciais, como uma via de acesso às quimeras da realidade, um pouco antes de se tornar.

## A PEDRA DE TOQUE E O PULO DO GATO

A biblioteca dos dias revisita a matriz de onde rascunha suas vontades. Assim, para acessar, compreender, conjugar, a pedra de toque de uma singularidade há que se aproximar das páginas do seu cotidiano, por um enredo literário ou discurso existencial; conhecer a língua por onde se diz, as lógicas de sua estrutura, decifrar a expressividade incompreendida, as relações com sua tribo existencial.

Ao se frequentar por algum tempo a vida na província das ideias – próprias e impróprias –, não é raro encontrar alguma forma de exílio pessoal, quase sempre invisível ao olhar de multidão. Sendo a irrealidade um imenso território marginal, cogita-se sobre os apontamentos de suas origens. Assim, se considera sua aparição por algum desvão da realidade, uma dessas brechas por onde se insinua. Nesse ponto, requer uma escuta afinada com suas desconsiderações, reconhecendo em seu vocabulário um jeito próprio de ser e não ser.

Marcel Proust diz assim: "(...) atento ao que se passava de extraordinário em mim. Invadira-me um prazer delicioso, isolado, sem a noção de sua causa. Rapidamente, se me tornaram indiferentes as vicissitudes da minha vida, inofensivos os seus desastres, ilusória a sua brevidade, da mesma forma como opera o amor, enchendo-me de uma essência preciosa; ou antes, essa essência não estava em mim, ela era eu." (No caminho de Swann, 2003, p. 48).

Os eventos incomuns acontecem em alguma reciprocidade, seja ela da obra com o leitor, do partilhante com o filósofo clínico, ou outro encontro recheado de acréscimos, subtrações, derivações. Ao se tratar da relação de um leitor com a obra diante de si, é preciso considerar o estágio existencial onde aquele se encontra; suas possibilidades de leitura e conversações com a escritura diante de si. Quando o filósofo clínico interage com as narrativas do partilhante, ocorre algo semelhante. A hora-sessão e o roteiro de um texto literário podem oferecer um protagonismo a uma singularidade em processo.

Identificar a sintonia da pedra de toque com o "pulo do gato" pode significar algo mais à hora-sessão e à hora-leitura. Num acolhimento ao extraordinário do fenômeno humano, antes que se cristalize nalguma tipologia ou definição acadêmica, sua matéria-prima aprecia a desmedida de uma medida qualquer, encontrando em seu avesso o chão às suas originalidades. Esses momentos descrevem línguas estranhas – porque singulares –, nem sempre decifráveis a uma visão pré-estabelecida.

Em Fiodor Dostoiévski: "Fico imensamente feliz por ter descoberto que trago paciência em minha alma por tanto tempo, que não desejo as coisas materiais e não preciso de nada mais que livros e a possibilidade de escrever e de estar sozinho por algumas horas todos os dias. (...)" (Correspondências 1838-1880, 2011, p. 78).

Nessa interseção da Filosofia Clínica com a Literatura, existe um algo mais, como um pressuposto de anúncio, um desdobramento de hipóteses e experimentações, para bem depois das lógicas do consenso – incompletudes por onde alguém, em determinado instante, reapresenta facetas desconhecidas. Os manuscritos da insensatez deixam de ter esse acento axiológico, quando se encontra a fonte de onde jorram seus originais.

Um discurso existencial assim pensado se alimenta das páginas de um livro, por onde um leitor se vê representado, em vias de autodescoberta. Bem assim, na hora-sessão, onde uma pessoa efetiva ensaios e roteiros que lhe façam sentido. Deste modo, a Literatura e a Filosofia Clínica descrevem a pedra de toque e o "pulo do gato" como um encontro para acolher as desconsiderações da subjetividade incompreendida.

# O SENTIDO DAS PALAVRAS

Algumas críticas literárias sugerem desconhecer um pensador da estatura de Ludwig Wittgenstein, especialmente as *Investigações Filosóficas*, onde desenvolve a ideia de quem dá sentido as palavras é o sujeito autor.

As florestas inexploradas de cada um costumam reivindicar uma visita compartilhada por sua estrutura de pensamento, para reconhecer esse outro que o legitima. Não é raro encontrar manuscritos para descrever essa relação, tendo como referência os rastros das idas e vindas.

Ao reler alguns textos, ressoam sensações de algo novo; parecem sugerir algo numa perspectiva de consciência alterada. Nesses casos, podem acessar o "lugar algum" de todo lugar, emancipando aquilo desconsiderado pela ótica de um saber reconhecido.

Em Wittgenstein: "(...) Podemos ver nossa linguagem como uma velha cidade: uma rede de ruelas e praças, casas velhas e novas, e casas com remendos de épocas diferentes; e isto circundado por uma grande quantidade de novos bairros, com ruas retas e regulares e com casas uniformes." (Investigações filosóficas, 1996, p. 23).

Assim, é preciso revisitar o contexto da singularidade, para investigar a origem e significado de seu vocabulário existencial, efetivando uma aproximação aprendiz com sua expressividade grafada nalguma semiose.

Veja-se o caso da sabedoria das ruas, por onde se desenvolve um saber que é de todos e de ninguém, adquirindo contornos próprios ao olhar de cada um. Assim, o incomum pode exercitar-se na transição de um instante, num transbordamento sem palavras para se contar.

Jacob Bronowski contribui: "(...) Essa manipulação pessoal da linguagem, o dom de recriar para si, de forma inovadora, as imagens que as outras pessoas nos apresentam, é o que fundamenta a arte. Ao ler um poema, todos vemos as mesmas palavras, mas cada um de nós torna o poema até certo ponto diferente e pessoal, ao escolher diferentes pontos, tonalidades distintas, ao criar novas analogias na mente de cada um (...)". (O olho visionário, 1998, p. 27).

Nesses casos, é possível visualizar a multidão de exilados em uma subjetividade. Ao viver a retórica dos dias, testemunham a desvalia dos seus contemporâneos, os quais entendem singularidade como: "síndrome", "espectro", "doença".

A obra literária contém uma descrição dos inéditos achados do cotidiano. Para se ter acesso a esses discursos existenciais, é impreciso qualificar uma aproximação com seus idioletos, tons, sobretons – considerar a validade e as interdições de sua época. Esses encontros significam uma aproximação com o que não se sabe.

## O LIVRO E OS SONHOS

Existem conexões entre a obra literária e os sonhos. Nas páginas do livro, um personagem vivencia um papel existencial em rascunhos de sonhar acordado. Para compreender o alcance desses ensaios, é importante conhecer por onde cada um se desloca.

A relação dos sonhos com a luz do dia pode ser uma inspiração, algumas vezes provocada pela obra literária, um desses lugares onde se transita por territórios desconhecidos. A noção desses eventos de aspecto estranho convida a ampliar os horizontes da singularidade, muitas vezes como contradição ao lugar onde se encontra.

Em Gaston Bachelard: "(...) há naturezas que banalizam as imagens mais raras: têm sempre conceitos prontos para receber as imagens. Outras naturezas, as dos verdadeiros poetas, fazem reviver as imagens mais banais: escutem! No próprio vazio de um conceito, eles fazem repercutir o bulício da vida." (O ar e os sonhos, 2001, p. 105).

Os relatos dessa natureza costumam ser catalogados como distúrbio ou doença. Assim, restam desmerecidos por uma pseudociência. Ao acessar essas páginas da expressividade incomum, tendo como eixo a sintonia com suas verdades, se faz necessária uma interseção diferenciada, para visualizar e acolher sua representação em processo.

Um sonho acontece em tempo próprio, como um rascunho ou ideia fora de foco, adquirindo contornos de imprecisão para um entendimento a partir daquilo que já se sabe. Uma rota para compreender sua incompletude discursiva é a convivência com o contexto de onde se originam.

Gaston Bachelard escreve: "(...) cada objeto contemplado, cada grande nome murmurado é o ponto de partida de um sonho e de um verso, é um movimento linguístico criador." (O ar e os sonhos, 2001, p. 5).

Talvez uma escritura assim, por ser inacessível – por inteiro – ao primeiro olhar, conceda, pelas releituras, a superação do seu aspecto estranho. Nesse sentido, o livro pode ser um aliado para abrir portais epistemológicos, intuitivos, existenciais ao leitor.

As estéticas de sonhar costumam oferecer uma matéria-prima aos discursos existenciais do sonhador. É possível a uma lógica da singularidade encontrar nos relatos de aspecto incoerente, um espaço para a redação dos seus originais.

# O FENÔMENO BIBLIOTECA

Esses apontamentos tratam de um lugar mágico, constituído de galerias, estantes, luminárias, recheados de livros. Sua atualização acontece com a chegada de novos personagens, onde terão um refúgio para suas páginas repletas de histórias.

A descrição expõe um caráter multifacetado, ainda quando se trata da relação de uma pessoa com seu texto. Sua expressividade se insinua pela via de um enredo literário; ao ser impresso na alma dos livros, as palavras ressoam num silêncio compartilhado nas leituras. Ao passar despercebido no tempo do relógio, os momentos revivem um roteiro significativo em cada leitor. Trata-se de um lugar para o imprevisível rascunhar suas mensagens.

Fausto Cunha contribui: "(...) a verdadeira obra de arte é intemporal, se um livro não resiste na gaveta, também não resistirá na estante. (...) também é verdade que cada obra tem seu momento propício de aparecer, está inserida num tempo-espaço inseparável de seu conteúdo." (A leitura aberta, 1978, p. 106).

Um passeio pelo universo dos livros atualiza a condição para conviver com personagens, lugares e as derivações da singularidade leitora. É possível notar o alcance de uma obra literária, ao fazer sentido ao leitor. Seu recado salta aos olhos, parece escrito para determinada pessoa, até então, vivendo clandestinamente com suas ideias, sensações, buscas.

Em um percurso por seus corredores, se destaca um ambiente diferenciado. Ao escolher um livro e abrir suas páginas, um espetáculo adquire vida. Assim, por alguns momentos, se elabora um deslocamento, onde o leitor se insere em um cenário. Ao regressar ao seu mundo, traz consigo novos ingredientes da hora-leitura.

Em Fausto Cunha: "O estudioso de hoje tem de optar entre o efêmero e o supérfluo, que proporcionam uma falsa noção de atualidade, e aquele rio perene esquecido na floresta dos livros de ontem, dissimulado na poeira das bibliotecas, a deslizar tranquilamente através dos tempos, indiferente às cachoeiras momentâneas, aos remoinhos de um minuto." (A leitura aberta, 1978, p. 50).

Um autor quando compõe seus originais, pode ter em mente determinadas ideias para seu texto. Por outro lado, ao redigir-se, as palavras podem indicar algo mais ao processo. Uma frequência a esse lugar de fascínio e encantamento elabora um convite para percorrer seus cenários e personagens. Nessas obras, é possível vivenciar a leitura como um novo esboço de si mesmo.

A biblioteca emite um convite – em tons e sobretons – para se expandir territórios existenciais. Eis a magia de uma escritura, ao invadir a vida de uma pessoa. Esse lugar fonte de inspiração estabelece uma sintonia com quem traz consigo a matriz utópica das interseções com o inesperado.

# Uma fonte de inspiração[2]

Um filme pode conjugar diversão e inspiração em um só momento. É o caso da obra "Já fui famoso", dirigida por Eddie Sternberg. Netflix. 2022.

O roteiro trata da relação de Vince – um músico de grande sucesso há 20 anos atrás, hoje desempregado – com Stevie, um jovem baterista de talento incomum. Esse encontro acontece numa praça, momento em que Vince ensaia em seu teclado: inesperadamente, o menino se senta ao seu lado, em silêncio, e o acompanha com suas baquetas, usando a lixeira e o banco como bateria. Um espanto inicial cede lugar a uma sintonia pela música. A obra sugere uma interseção peculiar, ao apresentar dois personagens (estigmatizados) à margem da sociedade, um por estar desempregado e outro classificado como autista.

A sinopse do filme reforça o agendamento de Stevie como autista. Aqui, outra vez, uma visão pré-concebida distorce o fenômeno da originalidade. O olhar da crítica, com base nas tipologias, cristaliza um discurso existencial em desenvolvimento aos limites de uma interpretação.

Pode-se perceber e sentir (a obra permite esse desdobramento) que o encontro desses dois personagens singulares, acontece pelo fato de que um é incompreendido, por não fazer mais sucesso e buscar um lugar para ganhar alguns trocados, e o outro, por se refugiar num mundo só seu, onde somente se ingressa através da música. Enquanto um procura se abrir para fora, em busca de um lugar para se apresentar (tocar na noite), o outro se desloca para um ponto dentro de si mesmo.

---

[2] Texto publicado na revista da Casa da Filosofia Clínica – edição verão/2022.

Em determinado momento, caminhando pelos bairros da cidade, Vince encontra uma clínica de grupo (musicoterapia), coordenada por um terapeuta de rara sensibilidade (personagem de Kurt Egyiawan). Ao se inserir nesse espaço de partilha, desenvolve um papel existencial que nem sabia existir: uma habilidade de acolhimento e compreensão.

O grupo de convivência trabalha com pessoas excluídas socialmente. Nesse lugar, reencontra Stevie, que o acompanhou com suas baquetas na praça. Amber, a mãe de Stevie, que participa das reuniões, explica a Vince que seu filho não gosta de multidões e imprevistos. Revela que as crises do menino são superadas pela música, uma forma de lidar com suas dificuldades.

Noutro segmento do filme, Vince, sem nenhuma chance de mostrar seu talento, vai em busca de um emprego formal numa agência. A pessoa encarregada pergunta se ele tem uma formação musical, em que escola/faculdade estudou, quais suas referências. Como não frequentou nenhuma escola, fica sem a vaga.

Mais adiante, o roteiro revela que Vince – há mais de 20 anos – teve problemas familiares. A relação com Stevie se mostra como uma chance para reconciliar-se consigo mesmo, quase ao mesmo tempo em que contribui com a expressividade de seu parceiro baterista.

Ao visitar a casa de Stevie, o músico encontra um quadro de Bach na parede, quando lhe pergunta: "Você gostaria de ser Bach?" O menino responde: "Por que eu iria querer ser Bach? Eu quero ser eu. Eu gostaria de ir a uma escola de música." O acolhimento de Vince e a qualidade da interseção oferecem algo mais.

Na sequência, com um afastamento involuntário entre os dois, Stevie supera suas dificuldades pessoais, confecciona cartazes e sai em busca de um lugar para se apresentar com Vince. No mesmo período, o coordenador da musicoterapia convida o músico para substituí-lo na liderança do grupo. Noutro segmento, um empresário diz a Vince, tentando recontratá-lo: "Você será bem-vindo, mas seu amigo baterista não, pois é uma pessoa esquisita e oferece risco aos nossos projetos." Depois disso, ocorrem algumas autogenias nos personagens.

Em determinado momento, pela via da interseção, ambos conseguem romper com suas armadilhas conceituais e reencontrar um lugar melhor para viver. O filme, além da diversão numa obra de rara beleza, também oferece uma atividade aprendiz sobre a sintonia entre as pessoas, as possibilidades do papel existencial cuidador, os desdobramentos das construções compartilhadas. Lembrando que a realidade, antes de ser realidade, rascunha seus originais nos territórios da irrealidade.

O mundo dos excluídos constitui um desafio e uma referência ao exercício do novo paradigma. Talvez, por seu caráter de invisibilidade, consiga transitar por caminhos à margem do saber instituído. Nesse sentido, a esteticidade seletiva contribui, encontrando na Literatura, Cinema, Música, Teatro, Belas Artes, uma fonte de inspiração ao ser terapeuta.

A filosofia, em sua versão clínica, acolhe o discurso existencial partilhante para encontrar a matéria-prima a sua atividade cuidadora. Os remédios existenciais, inicialmente, se esboçam nesse convívio com os dados da originalidade. Depois disso, o sujeito partilhante pode acessar sua própria farmácia subjetiva para viver melhor.

# A CLÍNICA E A CENA LITERÁRIA

Em Literatura existem tantas nuances de leitura, derivações de escritura, desleituras, quanto possam ser as obras e os leitores. Tendo em vista lições como Arthur Schopenhauer no *Mundo como vontade e representação* ou as *Investigações filosóficas* de Ludwig Wittgenstein, é possível antever a crítica literária e as classificações de base tipológica, como uma camisa de força hermenêutica.

O fenômeno da admiração ingênua – hoje em vias de extinção – se apresenta como uma cautela na relação com os textos, por onde autor e leitor se encontram no evento leitura.

Em Gao Xingjian: "(...) não sei se você já refletiu sobre essa coisa estranha que é o eu. Ele muda, à medida que o observamos, como quando você fixa o olhar sobre as nuvens no céu, deitado na relva. No princípio, elas parecem um camelo, depois uma mulher, afinal se transforma num velho de longa barba. Nada, porém, é fixo, uma vez que num piscar de olhos elas ainda mudam de forma." (A montanha da alma, 2001, p. 138).

A atividade de um escritor e de um leitor pode ter múltiplas razões, como escrita reflexiva, leitura casual, deleite, trabalho acadêmico, ou seja, dependendo do ângulo de uma escritura, a leitura pode adquirir mil outras conformações. As abordagens clínicas da tradição e a crítica literária se deparam – na percepção da Filosofia Clínica – com uma contradição, onde o sentido da palavra pertence à singularidade de onde partiu, e não do saber-poder do especialista.

Em defesa de uma razão universal, se ensinam em escolas, universidades, empresas, que as pessoas são passíveis de um olhar objetivo, determinável e passível de classificação. Essa noção atribui ao fenômeno humano um espírito de rebanho, o qual pode servir ao mundo das coisas, não ao sujeito em vias de ser singular.

O leitor absurdo encontra nas hermenêuticas da clausura um motivo a mais para desajustá-las. As interpretações pré-estabelecidas, como a crítica literária, filosófica, psicanalítica, psicológica ..., que oferecem uma prescrição sobre como entender a realidade, ainda que não saibam, carregam consigo uma representação de mundo, de onde enxergam e rotulam tudo mais.

Susan Sontag compartilha: "(...) na análise, sempre há outros ângulos de entendimento, novos campos de causalidade. A análise é substantiva. A análise é uma modalidade argumentativa que, por definição é sempre incompleta; propriamente falando, interminável." (Contra a interpretação e outros ensaios, 2021, p. 252).

Uma transgressão literária se apresenta ao leitor com a abordagem da Filosofia Clínica, no sentido de que, ao ter um livro em mãos, acomodar-se em seu recanto de leitura, encontra um lugar para efetivar sua estrutura de pensamento em vias de. Ao assumir – em reciprocidade – as peripécias dos personagens, o fenômeno leitura inaugura um cotidiano dentro do cotidiano.

O texto literário, sob muitos aspectos, e de acordo com a medida de todas as coisas do leitor, reinventa aquilo que denominamos realidade. Tendo em vista a releitura de uma obra, o que se destaca é a sintonia entre quem escreve e quem lê.

As propostas de informação dirigida, intencionalidade, roteirização, como procedimentos clínicos, se insinuam na cena literária – um território onde o leitor pode exercitar-se com os agendamentos dos cenários, em reciprocidade com seus roteiros e personagens. Nesse sentido, costuma ocorrer um acréscimo de matéria-prima – inicialmente imperceptível – quando o leitor, ao deixar de lado o livro, percebe modificações em seu contexto.

## A LEITURA E O ACOLHIMENTO

Há uma proximidade entre a leitura literária e a clínica do filósofo. Essa interseção elabora uma percepção sobre a natureza e o alcance dos papéis existenciais. Os deslocamentos intelectivos multiplicam as vivências pelos cenários de um livro ou no espaço – quase bolha – onde a terapia acontece.

Em Filosofia Clínica, o partilhante, ao narrar sua historicidade, revisita os dados de sua memória, descrevendo ao filósofo clínico as imagens que vão surgindo. A obra literária, por sua vez, concede ao leitor a possibilidade de ampliar seu território subjetivo. A relação terapêutica oferece uma leitura compartilhada das circunstâncias da pessoa. Em cada encontro, revela-se um viés de seu ser em processo.

O texto convida o leitor a participar da obra, uma espécie de autenticação à sua existência, como a hora-sessão também cumpre funções de experimentação e desenvolvimento pessoal. As palavras, o silêncio, a escuta, o acolhimento, podem ter um alcance significativo pela interseção.

Hans-Georg Gadamer auxilia: "(...) O sentido de um texto supera seu autor – não ocasionalmente, mas sempre. Por isso, a compreensão não é nunca um comportamento somente reprodutivo, mas é, por sua vez, sempre produtivo." (Verdade e método, 1997, p. 444).

Um lugar diferenciado se instala nesse momento de solidão compartilhada. O livro que dialoga com o leitor se aproxima da interseção do filósofo clínico com seu partilhante. Num momento da narrativa, as palavras podem adquirir vontade própria, superando sua matriz inicial. Ao recordar eventos pessoais, não é raro ocorrer uma reinvenção descritiva, contribuindo para pacificar a própria história de vida.

No caso do autor, ao encontrar uma ressonância da sua obra no leitor, se assemelha – na provisoriedade de uma leitura – ao papel existencial do partilhante e filósofo clínico. Assim, é possível desvendar o sentido do livro como uma sintonia da sua fonte de inspiração com as derivações da singularidade. Um mundo cheio de novas ideias se abre a cada página, realizando um convite ao leitor protagonista.

Em Hans-Georg Gadamer: "(...) quando se ouve alguém ou quando se empreende uma leitura, não é necessário que se esqueçam todas as opiniões prévias sobre seu conteúdo e todas as opiniões próprias. O que se exige é simplesmente a abertura a opinião do outro ou à do texto. (Verdade e método, 1997, p. 404).

Um texto, mesmo quando não autobiográfico, oferece uma referência sobre a estrutura de pensamento de onde partiu. A escuta clínica, ao acolher o ponto de vista partilhante, elabora uma tradução compartilhada para compreender seus conteúdos, motivações, a natureza e os desdobramentos das suas contradições; as funções que estruturam comportamentos, bem como os remédios da sua "farmácia" subjetiva. Os manuscritos de uma obra, ao modificarem o discurso existencial de uma pessoa, podem revelar aspectos significativos sobre sua fonte de inspiração.

## Literatura e discurso existencial

Ao referir a interseção dos eventos literários com o discurso existencial, se apresentam múltiplas possibilidades ao sujeito de suas leituras, numa antevisão daquilo que se esconde quando se mostra. As estruturas significativas de um texto costumam mudar de lugar – embora continuem as mesmas – de acordo com a sintonia do leitor com suas páginas.

Uma condição para descrever esses fenômenos da Literatura com a vida de cada um é a percepção de que o livro oferece diálogos intermináveis. O sujeito em trânsito pelos seus roteiros costuma modificar suas referências, deslocar seu ponto de vista.

As palavras contêm segredos não revelados por inteiro, senão na condição de uma ótica singular. A singularidade de uma escrita e de uma leitura podem conceder uma chave de acesso a alguns recantos de sua essência.

María Esther Vázquez, ao recordar Borges: "Muitos anos depois de Borges ter deixado a biblioteca e, nela, parte da própria alma, perguntei-lhe se não a visitava em sonhos. 'Em qualquer lugar do mundo em que esteja', respondeu, 'sonho com a Biblioteca (...). E, inexplicavelmente, como costuma ocorrer nos sonhos, a Biblioteca é infinita e me pertence.'" (Jorge Luis Borges – Uma biografia, 1999, p. 210).

A relação entre autor e leitor atualiza o instante onde ficção e realidade se encontram; qualifica a imaginação compartilhada pelas páginas diante de si; atribui vida nova ao que se desconsiderava. Pode resgatar a província dos projetos esquecidos, superar a contradição – muito comum – onde sentimentos se confundem com objetos para sustentar armadilhas conceituais.

Quantas ideias cabem numa palavra? A vida idealizada possui tantas verdades quanto sua cara metade. Assim, a brisa da palavra nova pode reinventar um vocabulário. O discurso existencial é um desses lugares onde a experiência objetiva e subjetiva se integram.

Em Mario Vargas Llosa: "O que conserva o seu frescor e o seu encanto é tudo aquilo que Victor Hugo estilizou, embelezando ou enegrecendo, ao compasso da sua fantasia, e que, mesmo irreal, exprime uma verdade profunda: a de certos sonhos, medos ou anseios nossos que coincidem com os que ele materializou nessa soberba invenção." (A tentação do Impossível, 2004, p. 41).

A narrativa literária descreve uma percepção – muitas vezes – impregnada de irrealidade. Não é raro uma retórica existencial apresentar um caráter híbrido, reunindo eventos do cotidiano com os cenários do livro. A vida do leitor também compõe seus originais.

Ao reviver eventos pelas narrativas da historicidade, pode se desalojar fatos refugiados na memória do esquecimento. A reciprocidade é uma dessas pontes por onde real e irreal se mesclam. Essa integração pode reapresentar algo – até então – interditado ao cotidiano de uma pessoa. Um texto assim pode inventar palavras para emancipar a visão de mundo. Ao redescobrir aspectos de si mesmo, na atualização de suas leituras, é possível rascunhar novos endereços existenciais.

## Poéticas do indizível

(...) Graças às sombras, a região intermediária que
separa o homem e o mundo é uma região plena,
de uma plenitude de densidade ligeira.
Essa região intermediária amortece
a dialética do ser e do não ser".
Gaston Bachelard

Uma crença muito antiga aprecia atualizar-se desse enigmático hoje que um dia foi amanhã. Poderia ser o pretérito imperfeito de uma busca ou aquele quase nada onde tudo acontece. Apresentação de um dialeto nem sempre dizível, a se alimentar das fontes inenarráveis, paradoxos, desleituras criativas.

Seu visar inédito, sugere desvãos ao mundo que se queria definitivo. Costuma ser abrigo do acaso na versão do avesso das coisas. Ao referir o encantamento das pequenas devoções, parece traduzir esse texto interminável, por onde a vida escoa seus segredos. Realiza um esboço sobre as tentativas de decifrar algo que é mistério por natureza.

Octavio Paz poetiza: "(...) quando um poeta encontra sua palavra, logo a reconhece: já estava nele. E ele já estava nela. A palavra do poeta se confunde com o seu próprio ser. Ele é sua palavra. No momento da criação, aflora à consciência a parte mais secreta de nós mesmos. A criação consiste em trazer à luz certas palavras inseparáveis do nosso ser. (...)". (O arco e a lira, 2012, p. 53).

A característica de ser imprevisível seria insuportável, não fosse a poesia ressignificada em leitura singular. No submundo dos outros é possível reconhecer parte do nosso, isso pode acontecer no elogio, censura, crítica. Essa contradição insinua uma distância aproximada de cara metade. Assim, ódio e paixão podem se encontrar no mesmo objeto de desejo.

O transbordamento discursivo poetisa seu olhar para onde nascem os sonhos. A recriação estética protege sua matéria-prima nas gavetas desmerecidas, na via marginal, no rastro dos rituais exóticos. À primeira vista, a imprecisão dos rascunhos sugere manuscritos ilegíveis. Há que se conviver em meio às brumas para aprender sua dialética, a trama significativa da vida absurda.

Octavio Paz compartilha: "(...) sim, a linguagem é poesia e cada palavra esconde certa carga metafórica disposta a explodir no momento em que se toque na mola secreta, mas a força criadora da palavra reside no homem que a pronuncia. (...)". (O arco e a lira, 2012, p. 45).

O papel existencial parece se traduzir numa percepção de consciência alterada, como ousadia retórica a testar o limite das palavras, oferecendo vislumbres sobre o mundo ao seu redor. Em um universo subjetivo, inconformado com a definição refém de si mesma, ao deixar entrever sua fonte de originais, alimenta-se de ensaios irrefletidos.

As poéticas do indizível se associam em código próprio. Para desvendar sua arquitetura irreal, reivindicam uma interseção nem sempre de acordo com a verdade dos consensos. Ao se colocar numa ótica de devaneio e criação, sua expressividade refere um discurso que silencia.

## Um refúgio de raridades

Existe um endereço para o leitor encontrar seu livro de excelência. A casa dos manuscritos descartados oferece uma magia invisível ao espírito de multidão. Sua condição se avizinha de uma terapia, como um abrigo para se experienciar algo novo.

A busca por localizar esse refúgio descreve uma aventura no mundo dos livros. Descobrir as nuanças e os segredos de uma loja de raridades reivindica um trânsito pelos becos, bairros e ruas da cidade.

Uma singular correspondência se estabelece entre um leitor e suas leituras. Nunca se sabe, ao certo, o que leva uma pessoa a escolher uma determinada obra. A reinvenção dos dias acontece por essas lacunas em vias de preenchimento. O prazer de folhear suas páginas, sentir tons e sobretons, vivenciar cenários, acessar originalidades. Os estados de espírito compartilhados em uma trama podem se transformar em fonte de inspiração.

Letícia Wierzchowski contribui: "Era uma vez um menino que comeu uma biblioteca inteira. Ele começou com Conrad e, então, passou para Shakespeare, que o alimentou por toda uma quinzena. Depois, dedicou-se a Kafka, Tolstói e Oscar Wilde. (...) Esses três grandes gênios sustentaram as tripas do menino em questão por um longo período, gélido e branco inverno polonês." (O menino que comeu uma biblioteca, 2018, p. 9).

A Literatura acolhe essas estranhezas admiráveis que invadem o cotidiano. Nesse encontro do leitor com uma obra, é possível superar o espírito de obviedades de sua época. Os manuscritos integram a leitura com a realidade dos seus roteiros. A existência da livraria de raridades se traduz em um movimento de resistência ao desaparecimento do livro em papel, contribui para socializar aquilo que não tem preço.

Uma obra assim pensada tem uma biografia singular. Nela, é possível encontrar vestígios de outras vidas, como: um trevo de quatro folhas em suas páginas, bilhete de loteria da década de 1940, um lenço de papel com declaração de amor, bilhete de trem, recibo de boteco, cédula de um cruzeiro, voucher de passagem aérea ...

Em Letícia Wierzchowski: "Minhas roseiras florescem no inverno, porque leio para elas histórias dos trópicos. (...) Se vocês lessem bons livros, iriam saber que a ficção invade a vida real (...). A vizinhança, que ouvia o velho declamar poemas para as flores, achava-o meio desmiolado (...)". (O menino que comeu uma biblioteca, 2018, p. 25).

Um endereço de coisas raras é mais que um endereço de coisas raras. Seu catálogo possui textos de qualidade, lembrando que o valor de um livro se encontra em seu conteúdo. Livros usados têm história e memória. Assim, refugiada numa estante qualquer, a escrita singular aguarda seu leitor ideal.

O destino de um clássico é ser sempre atual. A versão de suas páginas oferece rotas para um refúgio de raridades. Esse convívio com a Literatura permite – dentre outras coisas – transitar por múltiplos projetos de realidade.

## Sobre reciprocidade e Literatura

Uma reflexão em busca de distinguir com clareza e objetividade a cena literária e a terapia, suas repercussões ao leitor e ao partilhante, rascunha seus originais nos deslizes de uma reciprocidade.

A magia que desloca o leitor de seu cotidiano aos cenários de um texto se assemelha aos eventos de consultório, onde a interseção clínica elabora um lugar diferenciado – um desses refúgios onde a lucidez e o delírio se encontram, na mescla de papéis existenciais pelas páginas de um livro ou na hora-sessão.

O padrão autogênico de quem lê delimita a relação com a obra. Por estar vinculado à sua estrutura de pensamento, seu prefácio convida ao instante leitura. A partir daí, o autor é refém de um território subjetivo.

Ricardo Piglia recorda Borges: "(...) podemos ler Filosofia como Literatura fantástica, diz Borges, ou seja, podemos transformar a Filosofia em ficção, mediante um deslocamento e um erro deliberado, um efeito produzido no ato mesmo de ler. (...)". (O último leitor, 2017, p. 28).

O livro pode restar incompreendido, caso não se consiga uma sintonia com sua escritura. Nesse ponto – onde muitos desistem – existe um sabor e cor raramente traduzível em palavras. Momentos em que o rigor epistemológico cede espaço a uma espécie de auto-hipnose, agendando seu conteúdo ao cotidiano das pessoas. Talvez a releitura consiga superar os limites do primeiro olhar, revelando aquilo que estava lá e não se via. A nova leitura pode qualificar o texto de acordo com a sintonia existencial do leitor.

A representação do sujeito em contato com suas páginas permite – por seu enredo – experienciar uma concepção protagonista. Não é raro a expressividade e o papel existencial encontrarem uma integração mais que perfeita através da leitura. Sua repercussão – quase invisível – na vida das pessoas ocorre pelas visitas e revisitas ao roteiro de um livro.

Ricardo Piglia compartilha: "(...) Kafka inverte as relações, altera os nexos. Não há mediações. Uma condensação assim, radical, leva a leitura a seu limite. Ler desvenda novas conexões. (...)". (O último leitor, 2017, p. 54).

Um manuscrito classificado como ficção, ao desenvolver-se numa leitura, integra-se a uma estrutura subjetiva por seus personagens. Nesses momentos, não há uma distinção clara entre realidade e irrealidade. A reciprocidade integra uma e outra numa coisa só.

Nesse sentido, a brevidade da existência desdobra-se com os enredos do livro. Modifica o olhar, acrescenta significados, oferece matéria-prima ao cotidiano em manutenção ou transformação.

# O LABORATÓRIO SECRETO DO ESCRITOR

Ao refletir sobre a fonte de inspiração de um manuscrito, é possível suspeitar de algo mais, na insinuação dos rascunhos descartados, suas rasuras e margens desmerecidas. Como uma narrativa de incompletudes, poderia ser comédia ou drama, mas se apresenta em um quase roteiro. Nessas tratativas iniciais, se oferece indícios sobre uma matriz de originalidades.

Em textos dessa natureza, ao primeiro olhar se tem um visar de aproximação. Lê-se alguns aspectos em detrimento de outros. A categoria tempo e a sintonia existencial podem modificar o ângulo de visão do leitor. Se este mesmo sujeito sendo outro, fizer uma releitura dessas páginas, poderá acessar novos recantos da escritura. Sua expressão compartilha algo que se diz e algo que se cala.

O escritor mexicano Octávio Paz ensina que todos somos escritores. Com isso, não é raro se ter nas leituras e releituras, algumas pistas sobre essa nascente de onde vertem as ideias, especulações, poéticas em desalinho, até sua melhor versão. Por se tratar de uma vontade singular, uma dissertação, ensaio, conto, poesia; será a representação de um discurso existencial em andamento.

Num viés de aproximação com a estrutura de pensamento do autor, talvez se possa descrever esse espaço-tempo-lugar de onde brota sua condição para escrever. As narrativas insinuam eventos, muitas vezes irreconhecíveis, enquanto apresentam sua noção das coisas.

Nélida Piñon contribui: "Mal defino, contudo, este enigma a que sirvo, apesar do longo convívio com o fazer literário. (...) Sei, no entanto, que a escritura é a residência secreta do escritor na terra." (Aprendiz de Homero, 2008, p. 24).

Uma primeira testemunha dessa obra em estado nascente são as revisões, ajustes, reescrita dos originais. Logo após, vem o prelo, para a impressão final. Nesse esboço de papéis amassados, ensaios com a linguagem polissêmica dos rascunhos, é possível vislumbrar novos territórios.

O fenômeno da escritura aponta para um processo singular. Num texto literário, a reflexão do autor se depara com os deslizes interpretativos de seus leitores, a quem a obra também pertence, como: derivação, complemento, construção compartilhada.

Em Jorge Luis Borges: "A base da geometria visual é a superfície, não o ponto. Essa geometria desconhece as paralelas e declara que o homem que se desloca modifica as formas que o circundam." (Ficções, 2007, p. 25).

O enigma de uma escrita pode se oferecer sob múltiplos disfarces. O refúgio desse laboratório secreto deixa pistas na intencionalidade dos seus manuscritos. Uma expressividade ritual prepara um recanto ao trabalho do escritor.

Pode ser um lugar clandestino em si mesmo ou no contexto objetivo, abrigado de agendamentos, distorções e outras interferências. Sua incompletude criativa – ao se abastecer de uma coisa e outra – acena com novos projetos.

Mário Vargas Llosa lembra: "Cada época tem a sua irrealidade: seus mitos, seus fantasmas, suas quimeras, seus sonhos e uma visão ideal do ser humano que a ficção expressa com mais fidelidade que qualquer outro gênero." (A tentação do impossível, 2012, p. 63).

Para tecer um mapa, é preciso conviver com a concepção de seu território – superar a ilusão da redação definitiva, restando a palavra maldita para descrever – entre luz e sombra – os acenos de sua clandestinidade.

A decifração das incógnitas de um livro reivindica um diálogo com sua fonte de inspiração – um refúgio de onde partiu e para onde se desloca, algo nem sempre possível em uma só leitura. Um esboço sem correção pode conter a autenticidade perdida em uma versão corrigida. A categoria lugar influencia a produção do autor: ao se ver refém dessa circunstância, elabora um laboratório como abrigo à sua singularidade.

# Ensaio literário e Filosofia Clínica

Os escritos de pensadores como Michel de Montaigne e Francis Bacon inauguraram um estilo de expressão semelhante à metodologia da Filosofia Clínica. O termo ensaio, utilizado por esses filósofos, cuida de aspectos como busca, liberdade de expressão, abertura investigativa, papel existencial, esteticidade – tópicos da estrutura de pensamento por onde se esboça um convívio com as facetas do ser humano singular.

Um teor aventureiro em busca de autoconhecimento encontra no ensaio literário um propósito para desenvolvimento pessoal. Algo assim ocorre em Filosofia Clínica, quando um partilhante consegue experienciar seu devir sem os grilhões da tipologia ou a clausura das hermenêuticas que o distanciam de si mesmo.

A relação do ensaio com a nova abordagem terapêutica ocorre por seu acolhimento compreensivo das incompletudes discursivas. Em um método ou em outro, se pode ter critérios para descrever a vida em processo. Assim, ao abordar uma narrativa que integre especulação filosófica, análise, reflexão, pode ocorrer um diálogo com formas e estilos – até então considerados divergentes.

Marshall Berman lembra Baudelaire: "(...) Por modernidade, eu entendo o efêmero, o contingente, a metade da arte cuja outra metade é eterna e imutável." (Tudo que é sólido desmancha no ar, 2007, p. 160).

Tendo em vista atitudes de investigação, decifração compreensiva, interação compartilhada, é possível acessar territórios – até então – desconhecidos, elaborando procedimentos aos novos tempos.

Ao considerar a interseção de propósitos entre o ensaio e a abordagem da Filosofia Clínica, aparecem novos ingredientes em associação: a plasticidade e a diversidade, descritos no ensaio literário em um esboço livre, por onde se transita por vários temas, em uma aproximação compreensiva com sua matéria-prima.

A relação da clínica com o ensaio reside num convívio do espanto filosófico em um devir de integração. A experiência escrita, mesmo quando recheada de menções e subterfúgios para sua justificativa, denuncia a representação da autoria. Na clínica, o filósofo se desloca em reciprocidade para detectar e sintonizar com o universo imaterial do partilhante.

Aldous Huxley esclarece: "(...) a palavra é pública. E, sendo pública, é impossível que abranja todas as múltiplas variantes de um mesmo acontecimento." (A ilha, 2001, p. 339).

Talvez por possuir uma geografia subjetiva, a reivindicar uma investigação compartilhada, esse território singular ofereça – de tempos em tempos – uma via de acesso a algum recanto inédito para si mesmo. No caso do ensaio, isso pode ocorrer através dos conteúdos de um texto. Na clínica, esses eventos costumam aparecer no viés de um instante.

Nesse sentido, há uma poética da singularidade no esboço dos discursos existenciais. O ensaio e a filosofia clínica dialogam acolhendo o espanto nosso de cada dia. Seu veículo são os múltiplos roteiros de um texto e os eventos – nem sempre traduzíveis – da hora clínica.

# SUBJUNTIVOS

Talvez esse imenso lugar nativo ficasse inexplorado, não fora um movimento desconcertante a acessar as inéditas regiões. Essa aptidão de estranhamento aprecia desnudar o novo diante do olhar, interseção limiar com as demais teias discursivas.

Através de um viés desconsiderado, é possível apreender e dialogar com a pluralidade transgressora das fronteiras conhecidas. Ao fazer possível o impossível, se pode vislumbrar a ótica selvagem um pouco antes de ser cooptada pelo saber instituído.

A cogitação sobre a origem dessa matriz já contém, em si mesma, a multiplicidade de versões. As lógicas da incerteza elaboram seus vocabulários com os vestígios da irrealidade. Um devir instintivo ensaia relatividades ao mostrar paradoxos, alternâncias, dialetos, para saber – de um jeito próprio – que a perfeição de toda imperfeição nem sempre será explicável.

Em Roland Barthes: "(...) o sentido obtuso parece desdobrar suas asas fora da cultura, do saber, da informação (...) leva ao infinito da linguagem, poderá parecer limitado à observação da razão analítica: pertence à classe dos trocadilhos, das pilhérias, das despesas inúteis; indiferente às categorias morais ou estéticas." (O óbvio e o obtuso, 1990, págs. 47 e 48).

Sua opinião escolhe superar becos sem saída. Sua reflexão especulativa, recheada de incertezas, antecipa periferias. Ao sufocar as crises do movimento precursor, a pessoa se afasta de um si mesmo em vias de nascer. Como um logos irracional, sua essência é ser invisível às lógicas do entendimento. Reivindica a invenção discursiva capaz de não pensar para criar.

A busca por emancipação costuma ser antecedida por ensaios desestruturantes. O espaço literário e a clínica apreciam a relação da convicção com sua contestação. Com eles, se pode transitar e compreender os roteiros do novo território.

Roland Barthes contribui: "(...) o exercício de uma imaginação desse tipo não depende apenas da 'arte', mas também do saber: 'captar metamorfoses' (o que fez, várias vezes, Leonardo da Vinci) é um ato de conhecimento; todo saber está ligado a uma ordem classificadora; expandir ou simplesmente mudar o saber, é experimentar, através de audaciosas operações, aquilo que subverte as classificações a que estamos habituados. (...)". (O obvio e o obtuso, 1990, págs. 133 e 134).

Exercícios como a transcendência e a introspecção compartilhada têm aptidão para deslocar o sujeito de um chão que não lhe representa. Em um sujeito ressuscitando com as próprias forças, seu esboço pode aproximar real e irreal com a sedução do hábito pela surpresa.

A trama subjuntiva se oferece como alternativa ao que se tinha pronto, acabado, definitivo. As tratativas com o absurdo das hipóteses sugerem uma dessas fontes da palavra mágica. Seu desvio criativo aponta caminhos a partir de algo inacabado – que somos nós – numa contradição para alimentar a vida.

# Conjecturas de autogenia literária

Em Filosofia Clínica, a expressão autogenia tem, ao menos, dois significados: um para descrever a qualidade da interseção entre os tópicos da estrutura de pensamento, outro sobre os movimentos de ressignificação existencial, em razão dos eventos da vida ou desdobramentos de uma terapia.

É no encontro de ficção e realidade, um desses endereços onde se pode antever a relação de autogenia e Literatura. Na convivência com uma obra literária, é possível localizar o mapa a um refúgio subjetivo. Suas páginas contêm vestígios de algo mais diante do olhar. Descreve e revela uma aptidão para ser outros – sem deixar de ser o mesmo – acrescentando-se. Um livro extraordinário reivindica um leitor extraordinário para sua compreensão.

Fernando Pessoa esclarece: "(...) Toda obra fala por si, com a voz que lhe é própria, e naquela linguagem em que se forma na mente: quem não entende não pode entender, e não há pois que explicar-lhe. É como fazer compreender a alguém um idioma que ele não fala." (Alguma prosa, 1990, p. 65).

As mensagens dispostas num manuscrito brotam de um contexto peculiar. Com isso, um discurso existencial se atualiza por suas escolhas de convívio e vocabulário. A Literatura pode oferecer, a leitores desavisados, uma noção enganosa de seus textos. Pode ser necessário um tempo (subjetivo) para regressar as páginas descartadas e acessar as mensagens, até então, refugiadas numa literalidade incompreendida.

Uma estética se realiza, nessa relação entre um livro e sua leitura. Ao leitor, quando de suas visitas ao universo compartilhado pelo autor, trata de ser protagonista numa história que lhe representa. A vertigem precursora oferecida pela linguagem diante de si, concede, num instante único e repleto de significados, um ângulo de visão aos novos horizontes.

Fernando Pessoa diz assim: "(...) ninguém pode esperar ser compreendido antes que os outros aprendam a língua em que fala. (...)". (Alguma prosa, 1990, p. 74).

A noção de um padrão transformador também se esboça, na vida de uma pessoa, ao preferir algumas companhias em detrimento de outras. Assim, compartilha uma atualização da sua singularidade em processo. Quando se pensa no papel existencial do escritor, é comum se notar uma infidelidade aos propósitos iniciais da obra, quiçá para dar conta dos inesperados eventos que integram seu texto.

# Referências Bibliográficas


AGUILERA, Fernando Gómez (Org.). *As palavras de Saramago*. São Paulo: Companhia das Letras, 2010.

ALBALAT, Antonio. A arte de escrever. Livraria clássica editora/Lisboa. 1913.

ALVES, Rubem. *Lições de feitiçaria*. São Paulo: Loyola, 2003.

ASSIS, Machado. *Crítica e Correspondência*. São Paulo: Globo, 1997.

_______. *Crítica Literária*. Rio de Janeiro: W.M. Jackson, 1957.

BACHELARD, Gaston. *A poética do devaneio*. São Paulo, Martins Fontes, 2001.

_______. *A terra e os devaneios do repouso*. São Paulo: Martins Fontes, 2003.

BARRETO, Lima. *Recordações do escrivão Isaías Caminha*. São Paulo: Círculo do livro, 1990.

BARTHES, Roland. *O grau zero da escrita*. São Paulo: Martins Fontes, 2004.

_______. *O rumor da língua*. São Paulo: Martins Fontes, 2004.

_______. *O prazer do texto*. São Paulo: Perspectiva, 2004.

_______. *Crítica e verdade*. São Paulo: Perspectiva, 2011.

_______. *O Óbvio e o Obtuso*. Rio de Janeiro: Nova Fronteira, 1990.

BASSÍNSKI, Pável. *Tolstói: a fuga do paraíso*. São Paulo: Leya, 2013.

BEAUVOIR, Simone. *Os Mandarins*. Rio de Janeiro: Nova Fronteira, 2017.

BERMAN, Marshal. *Tudo que é sólido desmancha no ar*. São Paulo: Companhia das Letras, 2007.

BLANCHOT, Maurice. *O espaço literário*. Rio de Janeiro: Rocco/RJ. 2011.

_______. *A conversa infinita 2. A experiência limite*. São Paulo: Escuta, 2007.

_______. *O livro por vir*. São Paulo: Martins Fontes, 2005.

_______. *Uma voz vinda de outro lugar*. Rio de Janeiro: Rocco, 2011.

BLOOM, *Harold. Um mapa da desleitura*. Rio de Janeiro: Imago, 2003.

_______. *O Cânone Americano. O espírito criativo e a grande Literatura*. Rio de Janeiro: Objetiva, 2017.

BORGES, Jorge Luis. *Esse ofício do verso*. São Paulo: Companhia das Letras, 2007.

_______. *Ficções*. São Paulo: Companhia das letras, 2007.

BRONOWSKI, Jacob. *O olho visionário*. Brasília: Editora da UNB, 1998.

BROOKS, Geraldine. *As memórias do livro*. Rio de Janeiro: Ediouro, 2008.

CAMPOS, Augusto de. *Coisas e anjos de Rilke*. São Paulo: Perspectiva, 2001.

CAMPOS, Haroldo de. *Metalinguagem & outras metas*. São Paulo: Perspectiva, 2006.

CANDIDO, Antonio. *A educação pela noite*. Rio de Janeiro: Ouro Sobre Azul, 2017.

CAPRA, Fritjof. *Sabedoria incomum*. São Paulo: Cultrix, 1988.

CARUZO, Miguel Angelo. *Introdução à Filosofia Clínica*. Petrópolis/RJ: Vozes, 2021.

CASSIRER, Ernst. *A filosofia das formas simbólicas*. São Paulo: Martins Fontes, 2001.

CASTELLO, José. *A Literatura na poltrona*. Rio de Janeiro: Record, 2007.

_______. *As feridas de um leitor*. Rio de Janeiro: Bertrand Brasil, 2012.

CASTRO, Ruy. *Bilac vê estrelas*. São Paulo: Companhia das Letras, 2001.

CHAVES, Flávio Loureiro. *Érico Veríssimo: o escritor e seu tempo*. Porto Alegre: Editora da UFRGS, 2001.

CORTÁZAR, Julio. *Obra crítica*. Rio de Janeiro: Civilização brasileira, 1998.

_______. *Valise de Cronópio*. São Paulo: Perspectiva, 2013.

COUTINHO, Afrânio. *Crítica e poética*. Rio de Janeiro: Civilização Brasileira, 1980.

DE BIASI, Pierre-Marc. *A genética dos textos*. Porto Alegre: ediPUCRS, 2010.

DELEUZE, Gilles. *Crítica e clínica*. São Paulo: Editora 34, 2004.

DERRIDA, Jacques. *A escritura e a diferença*. São Paulo: Perspectiva, 2005.

DINIS, Júlio. *Cartas e esboços literários*. Porto, Portugal: Editora Livraria Civilização, 1955.

DOSTOIÉVSKI, Fiodor. *Correspondências*, 1838-1880. Porto Alegre: 8inverso, 2011.

_______. *Diário de um escritor (1873) – meia carta de um sujeito*. São Paulo: Hedra, 2016.

ECO, Umberto. *Obra aberta*. São Paulo: Perspectiva, 2005.

_______. *Interpretação e superinterpretação*. São Paulo: Martins Fontes, 1997.

_______. *Viagem na irrealidade cotidiana*. Rio de Janeiro: Nova Fronteira, 1984.

FAGUET, Émile. *A arte de ler*. Rio de Janeiro: Casa da Palavra, 2009.

FOUCAULT, Michel. *As palavras e as coisas*. São Paulo: Martins Fontes, 2002.

_______. *Microfísica do poder*. Rio de Janeiro: Graal, 1990.

GADAMER, Hans-Georg. *Verdade e Método. Traços fundamentais de uma hermenêutica filosófica*. Petrópolis/RJ: Vozes, 1997.

GEORGE, Nina. *A livraria mágica de Paris*. Rio de Janeiro: Record, 2019.

HEIDEGGER, Martin. *A caminho da linguagem*. Petrópolis/RJ: Vozes, 2003.

HEMINGWAY, Ernest. *Ter e não ter*. Rio de Janeiro: Bertrand Brasil, 2002.

HOLANDA, Sérgio Buarque de. *O espírito e a letra*. São Paulo: Companhia das Letras, 2005.

HOUAISS, Antonio. *Palavras, livros, autores*. Rio de Janeiro: Paz e Terra, 1979.

JOYCE, James. *Um retrato do artista quando jovem*. Rio de Janeiro: Alfaguara, 2006.

_______. *De santos e sábios*. São Paulo: Iluminuras, 2012.

JUNQUEIRA, Ivan. *Cinzas do espólio*. Rio de Janeiro: Record, 2009.

KAFKA, Franz. *Um artista da fome*. Porto Alegre: L&PM, 2009.

KUHN, Thomas. *A estrutura das revoluções científicas*. São Paulo: Perspectiva, 2013.

LAGE, Claudia. *Labirinto da palavra*. Rio de Janeiro: Record, 2013.

LEWIS, C.S. *Como cultivar uma vida de leitura*. Rio de Janeiro: Vida Melhor, 2020.

LISPECTOR, Clarice. *Felicidade clandestina*. Ed. Rocco/RJ. 1998.

LLOSA, Mario Vargas. *A orgia perpétua*. Rio de Janeiro: Francisco Alves, 1979.

_______. *A tentação do impossível*. Rio de Janeiro: Alfaguara, 2012.

LODD, Paul. *De escritores, fantasmas e mortos*. Rio de Janeiro: Livre Expressão, 2010.

MANN, Thomas. *O escritor e sua missão*. Rio de Janeiro: Zahar, 2011.

MEIRELES, Cecília. *Inéditos*. Rio de Janeiro: Bloch, 1967.

MEYER, Ildo. *Visita de médico. Uma aproximação entre Filosofia Clínica e Medicina*. Petrópolis/RJ, Vozes, 2016.

MILTON, John. *Paraíso perdido*. V. XIII. Rio de Janeiro: Ed. W.M. Jackson Inc,1949.

MUNTHE, Axel. *O livro de San Michele*. Porto Alegre: Globo, 1938.

NIETZSCHE, Friedrich. *Ecce Homo – De como a gente se torna o que a gente é*. Porto Alegre: L&PM, 2003.

_______. *Além do bem e do mal*. São Paulo: Companhia das letras, 2005.

PACKTER, Lúcio. *Filosofia Clínica – Propedêutica*. Porto Alegre: AGE, 1997.

PAZ, Octavio. *Signos em rotação*. São Paulo: Perspectiva, 2009.

_______. *O Arco e a Lira*. São Paulo: Cosac & Naify, 2012.

PEARL, Matthew. *O clube Dante*. São Paulo: Francis, 2005.

PERISSÉ, Gabriel. *A arte da palavra*. Barueri/SP: Manole, 2003.

PESSOA, Fernando. *Ficções do interlúdio*. São Paulo: Companhia das letras, 1998.

_______. *Alguma prosa*. Rio de Janeiro: Nova Fronteira, 1990.

_______. *Livro do Desassossego*. São Paulo: Companhia das Letras, 2014.

PETIT, Michèle. *A arte de ler*. São Paulo: Editora 34, 2010.

PIGLIA, Ricardo. *O último leitor*. São Paulo: Companhia das Letras, 2017.

PIÑON, Nélida. *Aprendiz de Homero*. Rio de Janeiro: Record, 2008.

PONTY-MERLEAU, Maurice. *A prosa do mundo*. São Paulo: Cosac & Naify, 2002.

_______. *Signos*. São Paulo: Martins Fontes, 1991.

PROUST, Marcel. *No caminho de Swann*. São Paulo: Editora Folha de São Paulo, 2003.

_______. *Sobre a leitura*. Porto Alegre: L&PM, 2016.

QUEIROZ, Eça de. *Notas contemporâneas*. Lisboa-Portugal: Ed. Livros do Brasil, 2000.

RIGGS, Ransom. *O orfanato da srta. Peregrine para crianças peculiares*. São Paulo: Leya, 2015.

RILKE, Rainer Maria. *Cartas a um jovem poeta*. Porto Alegre: Globo, 1976.

_______. *Cartas sobre Cézanne*. Rio de Janeiro: 7 Letras, 2006.

_______. *O diário de Florença*. São Paulo: Nova Alexandria, 2002.

RIMBAUD, Arthur. *Uma temporada no inferno*. Porto Alegre: L&PM, 2016.

RIO, João do. *A alma encantadora das ruas*. São Paulo: Companhia das Letras, 2009.

RONAI, Paulo. *Pois é*. Rio de Janeiro: Nova Fronteira, 1990.

ROSSI, Rosângela. *Ser terapeuta*. Petrópolis/RJ: Vozes, 2015.

ROTH, Philip. *Fantasma sai de cena*. São Paulo: Companhia das Letras, 2008.

SANT'ANNA, Affonso Romano. *Drummond o gauche no tempo*. Rio de Janeiro: Record, 1992.

SARTRE, Jean-Paul. *Que é a Literatura?* Petrópolis/RJ: Vozes, 2015.

_______. *Situações I. Críticas literárias*. São Paulo: Cosac Naify, 2005.

SAVATER, Fernando. *Lugares Mágicos – Os escritores e suas cidades*. Porto Alegre: L&PM, 2015.

SCHOPENHAUER, Arthur. *A arte de escrever*. Porto Alegre: L&PM, 2005.

_______. *O mundo como vontade e representação*. Rio de Janeiro: Contraponto, 2001.

SCHULER, Donaldo. *A palavra imperfeita*. Petrópolis/RJ: Vozes, 1979.

_______. *Heráclito e seu (dis)curso*. Porto Alegre: L&PM, 2000.

SEIERSTAD, Asne. *O livreiro de Cabul*. Rio de Janeiro: Record, 2007.

SERANTES, Arantxa. *Rosalía de Castro y María Zambrano – La Razón poética*. Espanha: Literatura aberta, 2022.

SONTAG, Susan. *Contra a interpretação e outros ensaios*. São Paulo: Companhia das Letras, 2021.

STRASSBURGER, Hélio. *Filosofia Clínica – Poéticas da singularidade*. Rio de Janeiro: E-Papers, 2007.

_______. *Filosofia Clínica – Diálogos com a lógica dos excessos*. E-Rio de Janeiro: E-Papers, 2009.

_______. *Pérolas imperfeitas – Apontamentos sobre as lógicas do improvável*. Porto Alegre: Sulina, 2012.

_______. *A palavra fora de si – Anotações de Filosofia Clínica e linguagem*. Rio de Janeiro: Multifoco, 2017.

_______. *Filosofia Clínica – Anotações e reflexões de um consultório*. Porto Alegre: Sulina, 2021.

TEZZA, Cristóvão. *Literatura à margem*. Porto Alegre: Dublinense, 2018.

VERISSIMO, Erico. *Solo de Clarineta - memórias*. Porto Alegre: Globo, 1973.

WIERZCHOWSKi, Leticia. *O menino que comeu uma biblioteca*. Rio de Janeiro: Bertrand Brasil, 2018.

WITTGENSTEIN, Ludwig. *Investigações Filosóficas*. Petrópolis/RJ: Vozes, 1996.

XINGJIAN, Gao. *A montanha da alma*. Rio de Janeiro: Objetiva, 2001.

YOURCENAR, Marguerite. *Notas à margem do tempo*. Rio de Janeiro: Nova Fronteira, 1988.

ZWEIG, Stefan. *Os construtores do mundo – Dostoiewsky – Dickens – Balzac – Holderlin – Kleist – Nietzsche*. Rio de Janeiro: Guanabara, 1946.

SOLO
editoração & design gráfico
Fone: 51 99859.6690

Este livro foi confeccionado especialmente para a
Editora Meridional Ltda.,
em Zilla Slab, 10,5/15 e
impresso na Gráfica Odisseia.